SATYRICON

GAIUS PETRONIUS ARBITER

Satyricon
Copyright 2013 © Jiahu Books
First Published in Great Britain in 2013 by Jiahu Books –
part of Richardson-Prachai Solutions Ltd, Egerton Gate,
Milton Keynes, MK5 7HH
ISBN: 978-1-909669-78-9
Conditions of sale
All rights reserved. You must not circulate this book in any other binding or cover and you must impose the same condition on any acquirer.
A CIP catalogue record for this book is available from the British Library.
Visit us at: **jiahubooks.co.uk**

I	5	LXXX	60
X	9	XC	68
XX	14	C	76
XXX	20	CX	86
XL	27	CXX	97
L	35	CXXX	108
LX	43	CXL	119
LXX	51		

[I] "Num alio genere Furiarum declamatores inquietantur, qui clamant: 'Haec vulnera pro libertate publica excepi; hunc oculum pro vobis impendi: date mihi ducem, qui me ducat ad liberos meos, nam succisi poplites membra non sustinent'? Haec ipsa tolerabilia essent, si ad eloquentiam ituris viam facerent. Nunc et rerum tumore et sententiarum vanissimo strepitu hoc tantum proficiunt ut, cum in forum venerint, putent se in alium orbem terrarum delatos. Et ideo ego adulescentulos existimo in scholis stultissimos fieri, quia nihil ex his, quae in usu habemus, aut audiunt aut vident, sed piratas cum catenis in litore stantes, sed tyrannos edicta scribentes quibus imperent filiis ut patrum suorum capita praecidant, sed responsa in pestilentiam data, ut virgines tres aut plures immolentur, sed mellitos verborum globulos, et omnia dicta factaque quasi papavere et sesamo sparsa.

[II] "Qui inter haec nutriuntur, non magis sapere possunt quam bene olere qui in culina habitant. Pace vestra liceat dixisse, primi omnium eloquentiam perdidistis. Levibus enim atque inanibus sonis ludibria quaedam excitando, effecistis ut corpus orationis enervaretur et caderet. Nondum iuvenes declamationibus continebantur, cum Sophocles aut Euripides invenerunt verba quibus deberent loqui. Nondum umbraticus doctor ingenia deleverat, cum Pindarus novemque lyrici Homericis versibus canere timuerunt. Et ne poetas quidem ad testimonium citem, certe neque Platona neque Demosthenen ad hoc genus exercitationis accessisse video. Grandis et, ut ita dicam, pudica oratio non est maculosa nec turgida, sed naturali pulchritudine exsurgit. Nuper ventosa istaec et enormis loquacitas Athenas ex Asia commigravit animosque iuvenum ad magna surgentes veluti pestilenti quodam sidere adflavit, semelque corrupta regula eloquentia stetit et obmutuit. Ad summam, quis postea Thucydidis, quis Hyperidis ad famam processit? Ac ne carmen quidem sani coloris enituit, sed omnia quasi eodem cibo pasta non potuerunt usque ad senectutem canescere. Pictura quoque non alium exitum fecit, postquam Aegyptiorum audacia tam magnae artis compendiariam invenit."

[III] Non est passus Agamemnon me diutius declamare in porticu, quam ipse in schola sudaverat, sed: "Adulescens, inquit, quoniam sermonem habes non publici saporis et, quod rarissimum est, amas bonam mentem, non fraudabo te arte secreta. <Nihil> nimirum in his exercitationibus doctores peccant qui necesse habent cum insanientibus furere. Nam nisi dixerint quae adulescentuli probent, ut ait Cicero, 'soli in scolis relinquentur'. Sicut ficti adulatores cum cenas divitum captant, nihil prius meditantur quam id quod putant gratissimum auditoribus fore — nec enim aliter impetrabunt quod petunt, nisi quasdam insidias auribus fecerint — sic eloquentiae magister, nisi tanquam piscator eam imposuerit hamis escam, quam scierit appetituros esse pisciculos, sine spe praedae morabitur in scopulo.

[IV] "Quid ergo est? Parentes obiurgatione digni sunt, qui nolunt liberos suos severa lege proficere. Primum enim sic ut omnia, spes quoque suas ambitioni donant. Deinde cum ad vota properant, cruda adhuc studia in forum impellunt, et eloquentiam, qua nihil esse maius confitentur, pueris induunt adhuc nascentibus. Quod si paterentur laborum gradus fieri, ut sapientiae praeceptis animos componerent, ut verba atroci stilo effoderent, ut quod vellent imitari diti audirent, <ut persuaderent> sibi nihil esse magnificum quod pueris placeret: iam illa grandis oratio haberet maiestatis suae pondus. Nunc pueri in scholis ludunt, iuvenes ridentur in foro, et quod utroque turpius est, quod quisque <puer> perperam didicit, in senectute confiteri non vult. Sed ne me putes improbasse schedium Lucilianae humilitatis, quod sentio, et ipse carmine effingam:

[V] "Artis severae si quis ambit effectus
mentemque magnis applicat, prius mores
frugalitatis lege poliat exacta.

Nec curet alto regiam trucem vultu
cliensve cenas inpotentium captet,
nec perditis addictus obruat vino
mentis calorem; neve plausor in scenam
sedeat redemptus histrioniae addictus.
Sed sive armigerae rident Tritonidis arces,
seu Lacedaemonio tellus habitata colono
Sirenumque domus, det primos versibus annos
Maeoniumque bibat felici pectore fontem.
Mox et Socratico plenus grege mittat habenas
liber, et ingentis quatiat Demosthenis arma.
Hinc Romana manus circumfluat, et modo Graio
exonerata sono mutet suffusa saporem.
Interdum subducta foro det pagina cursum,
et fortuna sonet celeri distincta meatu.
Dent epulas et bella truci memorata canore,
grandiaque indomiti Ciceronis verba minentur.
Hi animum succinge bonis: sic flumine largo
plenus Pierio defundes pectore verba."

[VI] Dum hunc diligentius audio, non notavi mihi Ascylti fugam <...> Et dum in hoc dictorum aestu in hortis incedo, ingens scolasticorum turba in porticum venit, ut apparebat, ab extemporali declamatione nescio cuius, qui Agamemnonis suasoriam exceperat. Dum ergo iuvenes sententias rident ordinemque totius dictionis infamant, opportune subduxi me et cursim Ascylton persequi coepi. Sed nec viam diligenter tenebam quia <...> nec quo loco stabulum esset sciebam. Itaque quocumque ieram, eodem revertabar, donec et cursu fatigatus et sudore iam madens accedo aniculam quandam, quae agreste holus vendebat et:

[VII] "Rogo, inquam, mater, numquid scis ubi ego habitem?" Delectata est illa urbanitate tam stulta et: "Quidni sciam?" inquit, consurrexitque et coepit me praecedere. Divinam ego putabam et subinde ut in locum secretiorem venimus, centonem anus urbana reiecit et: "Hic, inquit, debes habitare." Cum ego negarem me agnoscere domum, video quosdam inter titulos nudasque meretrices furtim spatiantes. Tarde, immo iam sero intellexi me in fornicem esse deductum. Execratus itaque aniculae insidias operui caput et per medium lupanar fugere coepi in alteram partem, cum ecce in ipso aditu occurrit mihi aeque lassus ac moriens Ascyltos: putares ab eadem anicula esse deductum. Itaque ut ridens eum consalutavi, quid in loco tam deformi faceret quaesivi.

[VIII] Sudorem ille manibus detersit et: "Si scires, inquit, quae mihi acciderunt. — Quid novi?" inquam ego. At ille deficiens: "Cum errarem, inquit, per totam civitatem nec invenirem quo loco stabulum reliquissem, accessit ad me pater familiae et ducem se itineris humanissime promisit. Per anfractus deinde obscurissimos egressus in hunc locum me perduxit, prolatoque peculis coepit rogare stuprum. Iam pro cella meretrix assem exegerat, iam ille mihi iniecerat manum et nisi valentior fuissem, dedissem poenas. <. . .> adeo ubique omnes mihi videbantur satureum bibisse <. . .> iunctis viribus molestum contempsimus.

<. . .>

[IX] Quasi per caliginem vidi Gitona in crepidine semitae stantem et in eundem locum me conieci. Cum quaererem numquid nobis in prandium frater parasset, consedit puer super lectum et manantes lacrumas pollice extersit. Perturbatus ego habitu fratris, quid accidisset quaesivi. Et ille tarde quidem et invitus, sed postquam precibus etiam iracundiam miscui: "Tuus, inquit, ist frater seu comes paulo ante in conductum accucurrit, coepitque mihi velle pudorem extorquere. Cum ego proclamarem, gladium strinxit et 'Si Lucretia es, inquit, Tarquinium invenisti'". Quibus ego auditis intentavi in oculos Ascylti manus et: "Quid dicis, inquam, muliebris patientiae scortum, cuius ne spiritus purus est?" Inhorrescere se finxit Ascyltos, mox sublatis fortius manibus longe maiore nisu clamavit: "Non taces, inquit, gladiator obscene, quem de ruina harena dimisit? Non taces, nocturne percussor, qui ne tum quidem, cum fortiter faceres, cum pura muliere pugnasti, cuius eadem ratione in viridario frater fui, qua nunc in deversorio puer es. — Subduxisti te, inquam, a praeceptoris colloquio.

[X] — Quid ego, homo stultissime, facere debui, cum fame morerer? An videlicet audirem sententias, id est vitrea fracta et somniorum interpretamenta? Multo me turpior es tu hercule, qui ut foris cenares, poetam laudasti". Itaque ex turpissima lite in risum diffusi pacatius ad reliqua secessimus. <...>

Rursus in memoriam revocatus iniuriae: "Ascylte, inquam, intellego nobis convenire non posse. Itaque communes sarcinulas partiamur ac paupertatem nostram privatis questibus temptemus expellere. Et tu litteras scis et ego. Ne quaestibus tuis obstem, aliud aliquid promittam; alioqui mille causae quotidie nos collident et per totam urbem rumoribus different."

Non recusavit Ascyltos et: "Hodie, inquit, quia tanquam scholastici ad cenam promisimus, non perdamus noctem. Cras autem, quia hoc libet, et habitationem mihi prospiciam et aliquem fratrem. — Tardum est, inquam, differre quod placet."

Hanc tam praecipitem divisionem libido faciebat; iam dudum enim amoliri cupiebam custodem molestum, ut veterem cum Gitone meo rationem reducerem. <...>

[XI] Postquam lustravi oculis totam urbem, in cellulam redii, osculisque tandem bona fide exactis alligo artissimis complexibus puerum, fruorque votis usque ad invidiam felicibus. Nec adhuc quidem omnia erant facta, cum Ascyltos furtim se foribus admovit, discussisque fortissime claustris invenit me cum fratre ludentem. Risu itaque plausuque cellulam implevit, opertum me amiculo evoluit et: "Quid agebas, inquit, frater sanctissime? Quid? Vesticontubernium facis?" Nec se solum intra verba continuit, sed lorum de pera soluit et me coepit non perfunctorie verberare, adiectis

etiam petulantibus dictis: "Sic dividere cum fratre nolito."
<...>

[XII] Veniebamus in forum deficiente iam die, in quo notavimus frequentiam rerum venalium, non quidem pretiosarum sed tamen quarum fidem male ambulantem obscuritas temporis facillime tegeret. Cum ergo et ipsi raptum latrocinio pallium detulissemus, uti occasione opportunissima coepimus atque in quodam angulo laciniam extremam concutere, si quem forte emptorem splendor vestis posset adducere. Nec diu moratus rusticus quidam familiaris oculis meis cum muliercula comite propius accessit ac diligentius considerare pallium coepit. Invicem Ascyltos iniecit contemplationem super umeros rustici emptoris, ac subito exanimatus conticuit. Ac ne ipse quidem sine aliquo motu hominem conspexi, nam videbatur ille mihi esse, qui tunicam in solitudine invenerat. Plane is ipse erat. Sed cum Ascyltos timeret fidem oculorum, ne quid temere faceret, prius tanquam emptor propius accessit detraxitque umeris laciniam et diligentius temptavit.

[XIII] O lusum fortunae mirabilem! Nam adhuc ne suturae quidem attulerat rusticus curiosas manus, sed tanquam mendici spolium etiam fastidiose venditabat. Ascyltos postquam depositum esse inviolatum vidit et personam vendentis contemptam, seduxit me paululum a turba et: "Scis, inquit, frater, rediisse ad nos thesaurum de quo querebar? Illa est tunicula adhuc, ut apparet, intactis aureis plena. Quid ergo facimus, aut quo iure rem nostram vindicamus?" Exhilaratus ego non tantum quia praedam videbam, sed etiam quod fortuna me a turpissima suspicione dimiserat, negavi circuitu agendum sed plane iure civili dimicandum, ut si nollet alienam rem domino reddere, ad interdictum veniret.

[XIV] Contra Ascyltos leges timebat et: "Quis, aiebat, hoc loco nos novit, aut quis habebit dicentibus fidem? Mihi plane placet emere, quamvis nostrum sit, quod agnoscimus,

et parvo aere recuperare potius thesaurum, quam in ambiguam litem descendere:
Quid faciant leges, ubi sola pecunia regnat,
aut ubi paupertas vincere nulla potest?
Ipsi qui Cynica traducunt tempora pera,
non numquam nummis vendere vera solent.
Ergo iudicium nihil est nisi publica merces,
atque eques in causa qui sedet, empta probat."
Sed praeter unum dipondium, quo cicer lupinosque destinaveramus mercari, nihil ad manum erat. Itaque ne interim praeda discederet, vel minoris pallium addicere placuit ut pretium maioris compendii leviorem faceret iacturam. Cum primum ergo explicuimus mercem, mulier operto capite, quae cum rustico steterat, inspectis diligentius signis iniecit utramque laciniae manum magnaque vociferatione latrones tenere clamavit. Contra nos perturbati, ne videremur nihil agere, et ipsi scissam et sordidam tenere coepimus tunicam atque eadem invidia proclamare, nostra esse spolia quae illi possiderent. Sed nullo genere par erat causa, et cociones qui ad clamorem confluxerant, nostram scilicet de more ridebant invidiam, quod pro illa parte vindicabant pretiosissimam vestem, pro hac pannuciam ne centonibus quidem bonis dignam. Hinc Ascyltos bene risum discussit, qui silentio facto:

[XV] "Videmus, inquit, suam cuique rem esse carissimam; reddant nobis tunicam nostram et pallium suum recipiant." Etsi rustico mulierique placebat permutatio, advocati tamen iam paene nocturni, qui volebant pallium lucri facere, flagitabant uti apud se utraque deponerentur ac postero die iudex querelam inspiceret. Neque enim res tantum, quae viderentur in controversiam esse, sed longe aliud quaeri, <quod> in utraque parte scilicet latrocinii suspicio haberetur. Iam sequestri placebant, et nescio quis ex cocionibus, calvus, tuberosissimae frontis, qui solebat aliquando etiam causas agere, invaserat pallium exhibiturumque crastino die affirmabat. Ceterum apparebat nihil aliud quaeri nisi ut semel deposita vestis inter praedones strangularetur, et nos metu criminis non veniremus ad constitutum. <. . .> Idem plane et nos volebamus. Itaque utriusque partis votum casus adiuvit. Indignatus enim rusticus quod nos centonem exhibendum postularemus, misit in faciem Ascylti tunicam et liberatos querela iussit pallium deponere, quod solum litem faciebat, et recuperato, ut putabamus, thesauro in deversorium praecipites abimus, praeclusisque foribus ridere acumen non minus cocionum quam calumniantium coepimus, quod nobis ingenti calliditate pecuniam reddidissent.

Nolo quod cupio statim tenere,
nec victoria mi placet parata.

[XVI] Sed ut primum beneficio Gitonis praeparata nos implevimus cena, ostium satis audaci strepitu impulsum exsonuit. Cum et ipsi ergo pallidi rogaremus quis esset: "Aperi, inquit, iam scies." Dumque loquimur, sera sua sponte delapsa cecidit reclusaeque subito fores admiserunt intrantem. Mulier autem erat operto capite, et: "Me derisisse, inquit, vos putabatis? Ego sum ancilla Quartillae, cuius vos sacrum ante cryptam turbastis. Ecce ipsa venit ad stabulum petitque ut vobiscum loqui liceat. Nolite perturbari. Nec accusat errorem vestrum nec punit, immo potius miratur, quis deus iuvenes tam urbanos in suam regionem detulerit."

[XVII] Tacentibus adhuc nobis et ad neutram partem adsentationem flectentibus intravit ipsa, una comitata virgine, sedensque super torum meum diu flevit. Ac ne tunc quidem nos ullum adiecimus verbum, sed attoniti expectavimus lacrimas ad ostentationem doloris paratas. Vt ergo tam ambitiosus detonuit imber, retexit superbum pallio caput, et manibus inter se usque ad articulorum strepitum constrictis: "Quaenam est, inquit, haec audacia, aut ubi fabulas etiam antecessura latrocinia didicistis? Misereor mediusfidius vestri; neque enim impune quisquam quod non licuit, aspexit. Vtique nostra regio tam praesentibus plena est numinibus, ut facilius possis deum quam hominem invenire. Ac ne me putetis ultionis causa huc venisse; aetate magis vestra commoveor quam iniuria mea. Imprudentes enim, ut adhuc puto, admisistis inexpiabile scelus. Ipsa quidem illa nocte vexata tam periculoso inhorrui frigore, ut tertianae etiam impetum timeam. Et ideo medicinam sommo petii, iussaque sum vos perquirere atque impetum morbi monstrata subtilitate lenire. Sed de remedio non tam valde laboro; maior enim in praecordiis dolor saenit, qui me usque ad necessitatem mortis deducit, ne scilicet iuvenili impulsi licentia quod in sacello Priapi vidistis vulgetis, deorumque consilia proferatis in populum. Protendo igitur ad genua vestra supinas manus, petoque et oro ne nocturnas religiones iocum risumque faciatis, neve traducere velitis tot annorum secreta, quae vix mille homines noverunt."

[XVIII] Secundum hanc deprecationem lacrimas rursus effudit gemitibusque largis concussa tota facie ac pectore torum meum pressit. Ego eodem tempore et misericordia turbatus et metu, bonum animum habere eam iussi et de utroque esse securam: nam neque sacra quemquam vulgaturum, et si quod praeterea aliud remedium ad tertianam deus illi monstrasset, adiuvaturos nos divinam providentiam vel periculo nostro. Hilarior post hanc pollicitationem facta mulier basiavit me spissius, et ex lacrimis in risum mota descendentes ab aure capillos meos lenta manu duxit et: "Facio, inquit, indutias vobiscum, et a constituta lite dimitto. Quod si non adnuissetis de hac medicina quam peto, iam parata erat in crastinum turba, quae et iniuriam meam vindicaret et dignitatem:

Contemni turpe est, legem donare superbum;
hoc amo, quod possum qua libet ire via.
Nam sane et sapiens contemptus iurgia nectit,
et qui non iugulat, victor abire solet.

Complosis deinde manibus in tantum repente risum effusa est, ut timeremus. Idem ex altera parte et ancilla fecit, quae prior venerat, idem virguncula, quae una intraverat.

[XIX] Omnia mimico risu exsonuerant, cum interim nos quae tam repentina esset mutatio animorum facta ignoraremus, ac modo nosmetipsos, modo mulieres intueremur. <...>

"Ideo vetui hodie in hoc deversorio quemquam mortalium admitti, ut remedium tertianae sine ulla interpellatione a vobis acciperem." Vt haec dixit Quartilla, Ascyltos quidem paulisper obstupuit, ego autem frigidior hieme Gallica factus nullum potui verbum emittere. Sed ne quid tristius expectarem, comitatus faciebat. Tres enim erant mulierculae, si quid vellent conari, infirmissimae, scilicet contra nos, <quibus> si nihil aliud, virilis sexus esset. At praecincti certe altius eramus. Immo ego sic iam paria composueram ut, si depugnandum foret, ipse cum Quartilla consisterem, Ascyltos cum ancilla, Giton cum virgine. <...> Tunc vero excidit omnis constantia attonitis, et mors non dubia miserorum oculos coepit obducere. <...>

[XX] "Rogo, inquam, domina, si quid tristius paras, celerius confice: neque enim tam magnum facinus admisimus, ut debeamus torti perire." Ancilla, quae Psyche vocabatur, lodiculam in pavimento diligenter extendit. Sollicitavit inguina mea mille iam mortibus frigida. Operuerat Ascyltos pallio caput, admonitus scilicet periculosum esse alienis intervenire secretis. Duas institas ancilla protulit de sinu alteraque pedes nostros alligavit, altera manus. <...>

Ascyltos, iam deficiente fabularum contextu: "Quid? Ego, inquit, non sum dignus qui bibam?" Ancilla risu meo prodita complosit manus et: "Apposui: quidem adulescens, solus tantum medicamentum ebibisti? — Itane est? inquit Quartilla, quicquid saturei fuit, Encolpius ebibit?" Non indecenti risu latera commovit. Ac ne Giton quidem ultimo risum tenuit, utique postquam virguncula cervicem eius invasit et non repugnanti puero innumerabilia oscula dedit.

[XXI] Volebamus miseri exclamare, sed nec in auxilio erat quisquam, et hinc Psyche acu comatoria cupienti mihi invocare Quiritum fidem malas pungebat, illinc puella penicillo, quod et ipsum satureo tinxerat, Ascylton opprimebat. <...>

Vltimo cinaedus supervenit myrtea subornatus gausapa cinguloque succinctus . . . modo extortis nos clunibus cecidit, modo basiis olidissimis inquinavit, donec Quartilla, ballaenaceam tenens virgam alteque succincta, iussit infelicibus dari missionem. <...>

Vterque nostrum religiosissimis iuravit verbis inter duos periturum esse tam horribile secretum. Intraverunt palaestritae quamplures et nos legitimo perfusos oleo refecerunt. Vtcunque ergo lassitudine abiecta cenatoria repetimus et in proximam cellam ducti sumus, in qua tres lecti strati erant et reliquus lautitiarum apparatus splendidissime eitus. Iussi ergo discubuimus, et gustatione mirifica initiati vino etiam Falerno inundamur. Excepti etiam pluribus ferculis cum laberemur in somnum: "Itane est? inquit Quartilla, etiam dormire vobis in mente est, cum sciatis Priapi genio pervigilium deberi?" <...>

[XXII] Cum Ascyltos gravatus tot malis in somnum laberetur, illa quae iniuria depulsa fuerat ancilla totam faciem eius fuligine longa perfricuit, et non sentientis labra umerosque sopitionibus pinxit.

Iam ego etiam tot malis fatigatus minimum veluti gustum hauseram somni; idem et tota intra forisque familia fecerat, atque alii circa pedes discumbentium sparsi iacebant, alii parietibus appliciti, quidam in ipso limine coniunctis manebant capitibus; lucernae quoque umore defectae tenue et extremum lumen spargebant, cum duo Syri expilaturi lagoenam triclinium intraverunt, dumque inter argentum avidius rixantur, diductam fregerunt lagoenam. Cecidit etiam mensa cum argento, et ancillae super torum marcentis excussum forte altius poculum caput <fere> fregit.

Ad quem ictum exclamavit illa, pariterque et fures prodidit et partem ebriorum excitavit. Syri illi qui venerant ad praedam, postquam deprehensos se intellexerunt, pariter secundum lectum conciderunt, ut putares hoc convenisse, et stertere tanquam olim dormientes coeperunt.

Iam et tricliniarches experrectus lucernis occidentibus oleum infuderat, et pueri detersis paulisper oculis redierant ad ministerium, cum intrans cymbalistria et concrepans aera omnes excitavit.

[XXIII] Refectum igitur est convivium et rursus Quartilla ad bibendum revocavit. Adiuvit hilaritatem comissantis cymbalistria.

Intrat cinaedus, homo omnium insulsissimus et plane illa domo dignus, qui ut infractis manibus congemuit, eiusmodi carmina effudit:
Huc huc convenite nunc, spatalocinaedi,
pede tendite, cursum addite, convolate planta,
femore facili, clune agili et manu procaces,
molles, veteres, Deliaci manu recisi.

Consumptis versibus suis immundissimo me basio conspuit. Mox et super lectum venit atque omni vi detexit recusantem. Super inguina mea diu multumque frustra moluit. Profluebant per frontem sudantis acaciae rivi, et inter rugas malarum tantum erat cretae, ut putares detectum parietem nimbo laborare.

[XXIV] Non tenui ego diutius lacrimas, sed ad ultimam perductus tristitiam: "Quaeso, inquam, domina, certe embasicoetan iusseras dari." Complosit illa tenerius manus et: "O, inquit, hominem acutum atque urbanitatis vernaculae fontem! Quid? Tu non intellexeras cinaedum embasicoetan vocari?" Deinde ne contubernali meo melius succederet: "Per fidem, inquam, vestram, Ascyltos in hoc triclinio solus ferias agit? — Ita, inquit Quartilla, et Ascylto embasicoetas detur". Ab hac voce equum cinaedus mutavit, transituque ad comitem meum facto clunibus eum basiisque distrivit. Stabat inter haec Giton et risu dissolvebat ilia sua. Itaque conspicata eum Quartilla, cuius esset puer diligentissima sciscitatione quaesivit. Cum ego fratrem meum esse dixissem: "Quare ergo, inquit, me non basiavit?" vocatumque ad se in osculum adplicuit. Mox manum etiam demisit in sinum et pertractato vasculo tam rudi: "Haec, inquit, belle cras in promulside libidinis nostrae militabit; hodie enim post asellum diaria non sumo".

[XXV] Cum haec diceret, ad aurem eius Psyche ridens accessit et cum dixisset nescio quid: "Ita, ita, inquit Quartilla, bene admonuisti. Cur non, quia bellissima occasio est, devirginatur Pannychis nostra?" Continuoque producta est puella satis bella et quae non plus quam septem annos habere videbatur, ea ipsa quae primum cum Quartilla in cellam venerat nostram. Plaudentibus ergo universis et postulantibus nuptias, obstupui ego et nec Gitona, verecundissimum puerum, sufficere huic petulantiae adfirmavi, nec puellam eius aetatis esse, ut muliebris patientiae legem posset accipere." Ita, inquit Quartilla, minor est ista quam ego fui, cum primum virum passa sum? Iunonem meam iratam habeam, si unquam me meminerim virginem fuisse. Nam et infans cum paribus inquinata sum, et subinde procedentibus annis maioribus me pueris adplicui, donec ad hanc aetatem perveni. Hinc etiam puto proverbium natum illud, ut dicatur posse taurum tollere, qui vitulum sustulerit." Igitur ne maiorem iniuriam in secreto frater acciperet, consurrexi ad officium nuptiale.

[XXVI] Iam Psyche puellae caput involverat flammeo, iam embasicoetas praeferebat facem, iam ebriae mulieres longum agmen plaudentes fecerant, thalamumque incesta exornaverant veste. Tum Quartilla quoque iocantium libidine accensa et ipsa surrexit, correptumque Gitona in cubiculum traxit.

Sine dubio non repugnaverat puer, ac ne puella quidem tristis expaverat nuptiarum nomen. Itaque cum inclusi iacerent, consedimus ante limen thalami, et in primis Quartilla per rimam improbe diductam adplicuerat oculum curiosum, lusumque puerilem libidinosa speculabatur diligentia. Me quoque ad idem spectaculum lenta manu traxit, et quia considerantium <co>haeserant vultus, quicquid a spectaculo vacabat, commovebat obiter labra et me tamquam furtivis subinde osculis verberabat. <...>

Abiecti in lectis sine metu reliquam exegimus noctem. <...>

Venerat iam tertius dies, id est expectatio liberae cenae, sed tot vulneribus confossis fuga magis placebat quam quies. Itaque cum maesti deliberaremus quonam genere praesentem evitaremus procellam, unus servus Agamemnonis interpellavit trepidantes et: "Quid? vos, inquit, nescitis hodie apud quem fiat? Trimalchio, lautissimus homo. Horologium in triclinio et bucinatorem habet subornatum, ut subinde sciat quantum de vita perdiderit!"

Amicimur ergo diligenter obliti omnium malorum et Gitona libentissime servile officium tuentem iubemus in balneum sequi.

[XXVII] Nos interim vestiti errare coepimus, immo iocari magis et circulis accedere, cum subito videmus senem calvum, tunica vestitum russea, inter pueros capillatos ludentem pila. Nec tam pueri nos, quamquam erat operae pretium, ad spectaculum duxerant, quam ipse pater familiae, qui soleatus pila prasina exercebatur. Nec amplius eam repetebat quae terram contigerat, sed follem plenum habebat servus sufficiebatque ludentibus. Notavimus etiam res novas: nam duo spadones in diversa parte circuli stabant, quorum alter matellam tenebat argenteam, alter numerabat pilas, non quidem eas quae inter manus lusu expellente vibrabant, sed eas quae in terram decidebant.

Cum has ergo miraremur lautitias, accurrit Menelaus: "Hic est, inquit, apud quem cubitum ponitis, et quidem iam principium cenae videtis. Et iam non loquebatur Menelaus cum Trimalchio digitos concrepuit, ad quod signum matellam spado ludenti subiecit. Exonerata ille vesica aquam poposcit ad manus, digitosque paululum adspersos in capite pueri tersit.

[XXVIII] Longum erat singula excipere. Itaque intravimus balneum, et sudore calfacti momento temporis ad frigidam eximus. Iam Trimalchio unguento perfusus tergebatur, non linteis, sed palliis ex lana mollissima factis. Tres interim iatraliptae in conspectu eius Falernum potabant, et cum plurimum rixantes effunderent, Trimalchio hoc suum propinasse dicebat. Hinc involutus coccina gausapa lecticae impositus est praecedentibus phaleratis cursoribus quattuor et chiramaxio, in quo deliciae eius vehebantur, puer vetulus, lippus, domino Trimalchione deformior. Cum ergo auferretur, ad caput eius symphoniacus cum minimis tibiis accessit et tanquam in aurem aliquid secreto diceret, toto itinere cantavit.

Sequimur nos admiratione iam saturi et cum Agamemnone ad ianuam pervenimus, in cuius poste libellus erat cum hac inscriptione fixus:

QVISQVIS SERVVS SINE DOMINICO IVSSV FORAS EXIERIT ACCIPIET PLAGAS CENTVM.

In aditu autem ipso stabat ostiarius prasinatus, cerasino succinctus cingulo, atque in lance argentea pisum purgabat. Super limen autem cavea pendebat aurea in qua pica varia intrantes salutabat.

[XXIX] Ceterum ego dum omnia stupeo, paene resupinatus crura mea fregi. Ad sinistram enim intrantibus non longe ab ostiarii cella canis ingens, catena vinctus, in pariete erat pictus superque quadrata littera scriptum CAVE CANEM. Et collegae quidem mei riserunt. Ego autem collecto spiritu non destiti totum parietem persequi. Erat autem venalicium

<cum> titulis pictis, et ipse Trimalchio capillatus caduceum tenebat Minervamque ducente Romam intrabat. Hinc quemadmodum ratiocinari didicisset, deinque dispensator factus esset, omnia diligenter curiosus pictor cum inscriptione reddiderat. In deficiente vero iam porticu levatum mento in tribunal excelsum Mercurius rapiebat. Praesto erat Fortuna cornu abundanti copiosa et tres Parcae aurea pensa torquentes. Notavi etiam in porticu gregem cursorum cum magistro se exercentem. Praeterea grande armarium in angulo vidi, in cuius aedicula erant Lares argentei positi Venerisque signum marmoreum et pyxis aurea non pusilla, in qua barbam ipsius conditam esse dicebant. Interrogare ergo atriensem coepi, quas in medio picturas haberent." Iliada et Odyssian, inquit, ac Laenatis gladiatorium munus."

[XXX] Non licebat <tam multa otiose> considerare. Nos iam ad triclinium perveneramus, in cuius parte prima procurator rationes accipiebat. Et quod praecipue miratus sum, in postibus triclinii fasces erant cum securibus fixi, quorum imam partem quasi embolum navis aeneum finiebat, in quo erat scriptum: C. POMPEIO TRIMALCHIONI SEVIRO AVGVSTALI CINNAMVS DISPENSATOR. Sub eodem titulo et lucerna bilychnis de camera pendebat, et duae tabulae in utroque poste defixae, quarum altera, si bene memini, hoc habebat inscriptum: III ET PRIDIE KALENDAS IANVARIAS C. NOSTER FORAS CENAT, altera lunae cursum stellarumque septem imagines pictas; et qui dies boni quique incommodi essent, distinguente bulla notabantur.

His repleti voluptatibus cum conaremur in triclinium intrare, exclamavit unus ex pueris, qui super hoc officium erat positus: "Dextro pede!" Sine dubio paulisper trepidavimus, ne contra praeceptum aliquis nostrum limen transiret.

Ceterum ut pariter movimus dextros gressus, servus nobis despoliatus procubuit ad pedes ac rogare coepit, ut se poenae eriperemus: nec magnum esse peccatum suum, propter quod periclitaretur; subducta enim sibi vestimenta dispensatoris in balneo, quae vix fuissent decem sestertiorum. Retulimus ergo dextros pedes, dispensatoremque in atrio aureos numerantem deprecati sumus ut servo remitteret poenam. Superbus ille sustulit vultum et: "Non tam iactura me movet, inquit, quam neglegentia nequissimi servi. Vestimenta mea cubitoria perdidit, quae mihi natali meo cliens quidam donaverat, Tyria sine dubio, sed iam semel lota. Quid ergo est? dono vobis eum."

[XXXI] Obligati tam grandi beneficio cum intrassemus triclinium, occurrit nobis ille idem servus, pro quo rogaveramus, et stupentibus spississima basia impegit gratias agens humanitati nostrae." Ad summam, statim scietis, ait, cui dederitis beneficium. Vinum dominicum ministratoris gratia est."

Tandem ergo discubuimus, pueris Alexandrinis aquam in manus nivatam infundentibus, aliisque insequentibus ad pedes ac paronychia cum ingenti subtilitate tollentibus. Ac ne in hoc quidem tam molesto tacebant officio, sed obiter cantabant. Ego experiri volui an tota familia cantaret, itaque potionem poposci. Paratissimus puer non minus me acido cantico excepit, et quisquis aliquid rogatus erat ut daret. Pantomimi chorum, non patris familiae triclinium crederes.

Allata est tamen gustatio valde lauta; nam iam omnes discubuerant praeter ipsum Trimachionem, cui locus novo more primus servabatur. Ceterum in promulsidari asellus erat Corinthius cum bisaccio positus, qui habebat olivas in altera parte albas, in altera nigras. Tegebant asellum duae lances, in quarum marginibus nomen Trimalchionis inscriptum erat et argenti pondus. Ponticuli etiam ferruminati sustinebant glires melle ac papavere sparsos. Fuerunt et tomacula supra craticulam argenteam ferventia posita et infra craticulam Syriaca pruna cum granis Punici mali.

[XXXII] In his eramus lautitiis, cum Trimalchio ad symphoniam allatus est, positusque inter cervicalia minutissima expressit imprudentibus risum. Pallio enim coccineo adrasum excluserat caput, circaque oneratas veste cervices laticlaviam immiserat mappam fimbriis hinc atque illinc pendentibus. Habebat etiam in minimo digito sinistrae manus anulum grandem subauratum, extremo vero articulo digiti sequentis minorem, ut mihi videbatur, totum aureum, sed plane ferreis veluti stellis ferruminatum. Et ne has tantum ostenderet divitias, dextrum nudavit lacertum armilla aurea cultum et eboreo circulo lamina splendente conexo.

[XXXIII] Vt deinde pinna argentea dentes perfodit: "Amici, inquit, nondum mihi suave erat in triclinium venire, sed ne diutius absentivos morae vobis essem, omnem voluptatem mihi negavi. Permittetis tamen finiri lusum." Sequebatur puer cum tabula terebinthina et crystallinis tesseris, notavique rem omnium delicatissimam. Pro calculis enim albis ac nigris aureos argenteosque habebat denarios.

Interim dum ille omnium textorum dicta inter lusum consumit, gustantibus adhuc nobis repositorium allatum est cum corbe, in quo gallina erat lignea patentibus in orbem alis, quales esse solent quae incubant ova. Accessere continuo duo servi et symphonia strepente scrutari paleam coeperunt, erutaque subinde pavonina ova divisere convivis. Convertit ad hanc scenam Trimalchio vultum et: "Amici, ait, pavonis ova gallinae iussi supponi. Et mehercules timeo ne iam concepti sint. Temptemus tamen, si adhuc sorbilia sunt." Accipimus nos cochlearia non minus selibras pendentia, ovaque ex farina pingui figurata pertundimus. Ego quidem paene proieci partem meam, nam videbatur mihi iam in pullum coisse. Deinde ut audivi veterem convivam: "Hic nescio quid boni debet esse", persecutus putamen manu, pinguissimam ficedulam inveni piperato vitello circumdatam.

[XXXIV] Iam Trimalchio eadem omnia lusu intermisso poposcerat feceratque potestatem clara voce, siquis nostrum iterum vellet mulsum sumere, cum subito signum symphonia datur et gustatoria pariter a choro cantante rapiuntur. Ceterum inter tumultum cum forte paropsis excidisset et puer iacentem sustulisset, animadvertit Trimalchio colaphisque obiurgari puerum ac proicere rursus paropsidem iussit. Insecutus est supellecticarius argentumque inter reliqua purgamenta scopis coepit everrere. Subinde intraverunt duo Aethiopes capillati cum pusillis utribus, quales solent esse qui harenam in amphitheatro spargunt, vinumque dederunt in manus; aquam enim nemo porrexit.

Laudatus propter elegantias dominus: "Aequum, inquit, Mars amat. Itaque iussi suam cuique mensam assignari. Obiter et putidissimi servi minorem nobis aestum frequentia sua facient."

Statim allatae sunt amphorae vitreae diligenter gypsatae, quarum in cervicibus pittacia erant affixa cum hoc titulo: FALERNVM OPIMIANVM ANNORVM CENTVM. Dum titulos perlegimus, complosit Trimalchio manus et: "Eheu, inquit, ergo diutius vivit vinum quam homuncio. Quare tangomenas faciamus. Vita vinum est. Verum Opimianum praesto. Heri non tam bonum posui, et multo honestiores cenabant." Potantibus ergo nobis et accuratissime lautitias mirantibus larvam argenteam attulit servus sic aptatam ut articuli eius vertebraeque laxatae in omnem partem flecterentur. Hanc cum super mensam semel iterumque abiecisset, et catenatio mobilis aliquot figuras exprimeret, Trimalchio adiecit:

Eheu nos miseros, quam totus homuncio nil est!
Sic erimus cuncti, postquam nos auferet Orcus.
Ergo vivamus, dum licet esse bene.

[XXXV] Laudationem ferculum est insecutum plane non pro expectatione magnum, novitas tamen omnium convertit oculos. Rotundum enim repositorium duodecim habebat signa in orbe disposita, super quae proprium convenientemque materiae structor imposuerat cibum: super arietem cicer arietinum, super taurum bubulae frustum, super geminos testiculos ac rienes, super cancrum coronam, super leonem ficum Africanam, super virginem steriliculam, super libram stateram in cuius altera parte scriblita erat, in altera placenta, super scorpionem pisciculum marinum, super sagittarium oclopetam, super capricornum locustam marinam, super aquarium anserem, super pisces duos mullos. In medio autem caespes cum herbis excisus favum sustinebat. Circumferebat Aegyptius puer clibano argenteo panem. <. . .> Atque ipse etiam taeterrima voce de Laserpiciario mimo canticum extorsit. Nos ut tristiores ad tam viles accessimus cibos: "Suadeo, inquit Trimalchio, cenemus; hoc est ius cenae".

[XXXVI] Haec ut dixit, ad symphoniam quattuor tripudiantes procurrerunt superioremque partem repositorii abstulerunt. Quo facto, videmus infra altitia et sumina leporemque in medio pinnis subornatum, ut Pegasus videretur. Notavimus etiam circa angulos repositorii Marsyas quattuor, ex quorum utriculis garum piperatum currebat super pisces, qui <tamquam> in euripo natabant. Damus omnes plausum a familia inceptum et res electissimas ridentes aggredimur. Non minus et Trimalchio eiusmodi methodio laetus: "Carpe!", inquit. Processit statim scissor et ad symphoniam gesticulatus ita laceravit obsonium, ut putares essedarium hydraule cantante pugnare. Ingerebat nihilo minus Trimalchio lentissima voce: "Carpe! Carpe!" Ego suspicatus ad aliquam urbanitatem totiens iteratam vocem pertinere, non erubui eum qui supra me accumbebat, hoc ipsum interrogare. At ille, qui saepius eiusmodi ludos spectaverat: "Vides illum, inquit, qui obsonium carpit: Carpus vocatur. Ita quotiescumque dicit 'Carpe', eodem verbo et vocat et imperat".

[XXXVII] Non potui amplius quicquam gustare, sed conversus ad eum, ut quam plurima exciperem, longe accersere fabulas coepi sciscitarique, quae esset mulier illa quae huc atque illuc discurreret." Vxor, inquit, Trimalchionis, Fortunata appellatur, quae nummos modio metitur. Et modo, modo quid fuit? Ignoscet mihi genius tuus, noluisses de manu illius panem accipere. Nunc, nec quid nec quare, in caelum abiit et Trimalchionis topanta est. Ad summam, mero meridie si dixerit illi tenebras esse, credet. Ipse nescit quid habeat, adeo saplutus est; sed haec lupatria providet omnia, et ubi non putes. Est sicca, sobria, bonorum consiliorum: tantum auri vides. Est tamen malae linguae, pica pulvinaris. Quem amat, amat; quem non amat, non amat. Ipse Trimalchio fundos habet, quantum milvi volant, nummorum nummos. Argentum in ostiarii illius cella plus iacet, quam quisquam in fortunis habet. Familia vero — babae babae! — non mehercules puto decumam partem esse quae dominum suum noverit. Ad summam, quemvis ex istis babaecalis in rutae folium coniciet.

[XXXVIII] " Nec est quod putes illum quicquam emere. Omnia domi nascuntur: lana, credrae, piper; lacte gallinaceum si quaesieris, invenies. Ad summam, parum illi bona lana nascebatur; arietes a Tarento emit, et eos culavit in gregem. Mel Atticum ut domi nasceretur, apes ab Athenis iussit afferri; obiter et vernaculae quae sunt, meliusculae a Graeculis fient. Ecce intra hos dies scripsit, ut illi ex India semen boletorum mitteretur. Nam mulam quidem nullam habet, quae non ex onagro nata sit. Vides tot culcitras: nulla non aut conchyliatum aut coccineum tomentum habet. Tanta est animi beatitudo! Reliquos autem collibertos eius cave contemnas. Valde sucossi sunt. Vides illum qui in imo imus recumbit: hodie sua octingenta possidet. De nihilo crevit. Modo solebat collo suo ligna portare. Sed quomodo dicunt — ego nihil scio, sed audivi — quom Incuboni pilleum rapuisset, et thesaurum invenit. Ego nemini invideo, si quid deus dedit. Est tamen sub alapa et non vult sibi male. Itaque proxime cum hoc titulo proscripsit: C. POMPEIVS DIOGENES EX KALENDIS IVLIIS CENACVLVM LOCAT; IPSE ENIM DOMVM EMIT. Quid ille qui libertini loco iacet? Quam bene se habuit! Non impropero illi. Sestertium suum vidit decies, sed male vacillavit. Non puto illum capillos liberos habere. Nec mehercules sua culpa; ipso enim homo melior non est; sed liberti scelerati, qui omnia ad se fecerunt. Scito autem: sociorum olla male fervet, et ubi semel res inclinata est, amici de medio. Et quam honestam negotiationem exercuit, quod illum sic vides! Libitinarius fuit. Solebat sic cenare, quomodo rex: apros gausapatos, opera pistoria, avis, cocos, pistores. Plus vini sub mensa effundebatur, quam aliquis in cella habet. Phantasia, non homo. Inclinatis quoque rebus suis, cum timeret ne creditores illum conturbare existimarent, hoc titulo auctionem proscripsit: C. IVLIVS PROCVLVS AVCTIONEM FACIET RERVM SVPERVACVARVM."

[XXXIX] Interpellavit tam dulces fabulas Trimalchio; nam iam sublatum erat ferculum, hilaresque convivae vino sermonibusque publicatis operam coeperant dare. Is ergo reclinatus in cubitum: "Hoc vinum, inquit, vos oportet suave faciatis: pisces natare oportet. Rogo, me putatis illa cena esse contentum, quam in theca repositorii videratis?

Sic notus Vlixes?

Quid ergo est? Oportet etiam inter cenandum philologiam nosse. Patrono meo ossa bene quiescant, qui me hominem inter homines voluit esse. Nam mihi nihil novi potest afferri, sicut ille tericulus ia<m se>mel habuit praxim. Caelus hic, in quo duodecim dii habitant, in totidem se figuras convertit, et modo fit aries. Itaque quisquis nascitur illo signo, multa pecora habet, multum lanae, caput praeterea durum, frontem expudoratam, cornum acutum. Plurimi hoc signo scolastici nascuntur et arietilli." Laudamus urbanitatem mathematici; itaque adiecit: "Deinde totus caelus taurulus fit. Itaque tunc calcitrosi nascuntur et bubulci et qui se ipsi pascunt. In geminis autem nascuntur bigae et boves et colei et qui utrosque parietes linunt. In cancro ego natus sum: ideo multis pedibus sto, et in mari et in terra multa possideo; nam cancer et hoc et illoc quadrat. Et ideo iam dudum nihil super illum posui, ne genesim meam premerem. In leone cataphagae nascuntur et imperiosi. In virgine mulieres et fugitivi et compediti; in libra laniones et unguentarii et quicunque aliquid expendunt; in scorpione venenarii et percussores; in sagittario strabones, qui holera spectant, lardum tollunt; in capricorno aerumnosi, quibus prae mala sua cornua nascuntur; in aquario copones et cucurbitae; in piscibus obsonatores et rhetores. Sic orbis vertitur tanquam mola, et semper aliquid mali facit, ut homines aut nascantur aut pereant. Quod autem in medio caespitem videtis et super caespitem favum, nihil sine ratione facio. Terra mater est in medio quasi ovum corrotundata, et omnia bona in se habet tanquam favus."

[XL] "Sophos!" universi clamamus, et sublatis manibus ad camaram iuramus Hipparchum Aratumque comparandos illi homines non fuisse, donec advenerunt ministri ac toralia praeposuerunt toris, in quibus retia erant picta subsessoresque cum venabulis et totus venationis apparatus. Necdum sciebamus <quo> mitteremus suspiciones nostras, cum extra triclinium clamor sublatus est ingens, et ecce canes Laconici etiam circa mensam discurrere coeperunt. Secutum est hos repositorium, in quo positus erat primae magnitudinis aper, et quidem pilleatus, e cuius dentibus sportellae dependebant duae palmulis textae, altera caryatis, altera thebaicis repleta. Circa autem minores porcelli ex coptoplacentis facti, quasi uberibus imminerent, scrofam esse positam significabant. Et hi quidem apophoreti fuerunt.

Ceterum ad scindendum aprum non ille Carpus accessit, qui altilia laceraverat, sed barbatus ingens, fasciis cruralibus alligatus et alicula subornatus polymita, strictoque venatorio cultro latus apri vehementer percussit, ex cuius plaga turdi evolaverunt. Parati aucupes cum harundinibus fuerunt, et eos circa triclinium volitantes momento exceperunt. Inde cum suum cuique iussisset referri, Trimalchio adiecit: "Etiam videte, quam porcus ille silvaticus lotam comederit glandem." Statim pueri ad sportellas accesserunt quae pendebant e dentibus, thebaicasque et caryatas ad numerum divisere cenantibus.

[XLI] Interim ego, qui privatum habebam secessum, in multas cogitationes diductus sum, quare aper pilleatus intrasset. Postquam itaque omnis bacalusias consumpsi, duravi interrogare illum interpretem meum, quod me torqueret. At ille: "Plane etiam hoc servus tuus indicare potest: non enim aenigma est, sed res aperta. Hic aper, cum heri summa cena eum vindicasset, a conviviis dimissus <est>; itaque hodie tamquam libertus in convivium revertitur." Damnavi ego stuporem meum et nihil amplius interrogavi, ne viderer nunquam inter honestos cenasse.

Dum haec loquimur, puer speciosus, vitibus hederisque redimitus, modo Bromium, interdum Lyaeum Euhiumque confessus, calathisco uvas circumtulit, et poemata domini sui acutissima voce traduxit. Ad quem sonum conversus Trimalchio: "Dionyse, inquit, liber esto." Puer detraxit pilleum apro capitique suo imposuit. Tum Trimalchio rursus adiecit: "Non negabitis me, inquit, habere Liberum patrem." Laudamus dictum Trimalchionis, et circumeuntem puerum sane perbasiamus.

Ab hoc ferculo Trimalchio ad lasanum surrexit. Nos libertatem sine tyranno nacti coepimus invitare convivarum sermones.

Dama itaque primus cum pataracina poposcisset: "Dies, inquit, nihil est. Dum versas te, nox fit. Itaque nihil est melius quam de cubiculo recta in triclinium ire. Et mundum frigus habuimus. Vix me balneus calfecit. Tamen calda potio vestiarius est. Staminatas duxi, et plane matus sum. Vinus mihi in cerebrum abiit."

[XLII] Excepit Seleucus fabulae partem et: "Ego, inquit, non cotidie lavor; baliscus enim fullo est: aqua dentes habet, et cor nostrum cotidie liquescit. Sed cum mulsi pultarium obduxi, frigori laecasin dico. Nec sane lavare potui; fui enim hodie in funus. Homo bellus, tam bonus Chrysanthus animam ebulliit. Modo, modo me appellavit. Videor mihi cum illo loqui. Heu, eheu! Vtres inflati ambulamus. Minoris quam muscae sumus. <Illae> tamen aliquam virtutem habent; nos non pluris sumus quam bullae. Et quid si non abstinax fuisset! Quinque dies aquam in os suum non coniecit, non micam panis. Tamen abiit ad plures. Medici illum perdiderunt, immo magis malus fatus; medicus enim nihil aliud est quam animi consolatio. Tamen bene elatus est, vitali lecto, stragulis bonis. Planctus est optime — manu misit aliquot — etiam si maligne illum ploravit uxor. Quid si non illam optime accepisset? Sed mulier quae mulier milvinum genus. Neminem nihil boni facere oportet; aeque est enim ac si in puteum conicias. Sed antiquus amor cancer est."

[XLIII] Molestus fuit, Philerosque proclamavit: "Vivorum meminerimus. Ille habet, quod sibi debebatur: honeste vixit, honeste obiit. Quid habet quod queratur? Ab asse crevit et paratus fuit quadrantem de stercore mordicus tollere. Itaque crevit, quicquid crevit, tanquam favus. Puto mehercules illum reliquisse solida centum, et omnia in nummis habuit. De re tamen ego verum dicam, qui linguam caninam comedi: durae buccae fuit, linguosus, discordia, non homo. Frater eius fortis fuit, amicus amico, manu plena, uncta mensa. Et inter initia malam parram pilavit, sed recorrexit costas illius prima vindemia: vendidit enim vinum quantum ipse voluit. Et quod illius mentum sustulit, hereditatem accepit, ex qua plus involavit quam illi relictum est. Et ille stips, dum fratri suo irascitur, nescio cui terrae filio patrimonium elegavit. Longe fugit, quisquis suos fugit. Habuit autem oracularios servos, qui illum pessum dederunt. Nunquam autem recte faciet, qui cito credit, utique homo negotians. Tamen verum quod frunitus est, quam diu vixit. <Datum est> cui datum est, non cui destinatum. Plane Fortunae filius. In manu illius plumbum aurum fiebat. Facile est autem, ubi omnia quadrata currunt. Et quot putas illum annos secum tulisse? Septuaginta et supra. Sed corneolus fuit, aetatem bene ferebat, niger tanquam corvus. Noveram hominem olim oliorum, et adhuc salax erat. Non mehercules illum puto domo canem reliquisse. Immo etiam puellarius erat, omnis Minervae homo. Nec improbo, hoc solum enim secum tulit."

[XLIV] Haec Phileros dixit, illa Ganymedes: "Narrat is quod nec ad terram pertinet, cum interim nemo curat quid annona mordet. Non mehercules hodie buccam panis invenire potui. Et quomodo siccitas perseverat! Iam annum esuritio fuit. Aediles male eveniat, qui cum pistoribus colludunt: 'Serva me, servabo te.' Itaque populus minutus laborat; nam isti maiores maxillae semper Saturnalia agunt. O si haberemus illos leones, quos ego hic inveni, cum primum ex Asia veni. Illud erat vivere. <Si mila Siciliae si inferior esset> larvas sic istos percolopabant, ut illis Iuppiter iratus esset. Sed memini Safinium; tunc habitabat ad arcum veterem, me puero: piper, non homo. Is quacunque ibat, terram adurebat. Sed rectus, sed certus, amicus amico, cum quo audacter posses in tenebris micare. In curia autem quomodo singulos pilabat. Nec schemas loquebatur sed directum. Cum ageret porro in foro, sic illius vox crescebat tanquam tuba. Nec sudavit unquam nec expuit; puto enim nescio quid Asiadis habuisse. Et quam benignus resalutare, nomina omnium reddere, tanquam unus de nobis! Itaque illo tempore annona pro luto erat. Asse panem quem emisses, non potuisses cum altero devorare. Nunc oculum bublum vidi maiorem. Heu heu, quotidie peius! Haec colonia retroversus crescit tanquam coda vituli. Sed quare nos habemus aedilem trium cauniarum, qui sibi mavult assem quam vitam nostram? Itaque domi gaudet, plus in die nummorum accipit quam alter patrimonium habet. Iam scio unde acceperit denarios mille aureos. Sed si nos coleos haberemus, non tantum sibi placeret. Nunc populus est domi leones, foras vulpes. Quod ad me attinet, iam pannos meos comedi, et si perseverat haec annona, casulas meas vendam. Quid enim futurum est, si nec dii nec homines eius coloniae miserentur? Ita meos fruniscar, ut ego puto omnia illa a diibus fieri. Nemo enim caelum caelum putat, nemo ieiunium servat, nemo Iovem pili facit, sed omnes opertis oculis bona sua computant. Antea stolatae ibant nudis pedibus in clivum, passis capillis, mentibus puris, et Iovem aquam exrabant. Itaque statim urceatim plovebat: aut tunc aut nunquam, et omnes ridebant udi tanquam mures. Itaque dii pedes lanatos habent, quia nos religiosi non sumus. Agri iacent...

[XLV] — Oro te, inquit Echion centonarius, melius loquere. 'Modo sic, modo sic', inquit rusticus: varium porcum perdiderat. Quod hodie non est, cras erit: sic vita truditur. Non mehercules patria melior dici potest, si homines haberet. Sed laborat hoc tempore, nec haec sola. Non debemus delicati esse; ubique medius caelus est. Tu si aliubi fueris, dices hic porcos coctos ambulare. Et ecce habituri sumus munus excellente in triduo die festa; familia non lanisticia, sed plurimi liberti. Et Titus noster magnum animum habet, et est caldicerebrius. Aut hoc aut illud erit, quid utique. Nam illi domesticus sum, non est miscix. Ferrum optimum daturus est, sine fuga, carnarium in medio, ut amphitheater videat. Et habet unde. Relictum est illi sestertium tricenties: decessit illius pater male. Vt quadringenta impendat, non sentiet patrimonium illius, et sempiterno nominabitur. Iam Manios aliquot habet et mulierem essedariam et dispensatorem Glyconis, qui deprehensus est cum dominam suam delectaretur. Videbis populi rixam inter zelot et amasiunculos. Glyco autem, sestertiarius homo, dispensatorem ad bestias dedit. Hoc est se ipsum traducere. Quid servus peccavit, qui coactus est facere? Magis illa matella digna fuit quam taurus iactaret.

Sed qui asinum non potest, stratum caedit. Quid autem Glyco putabat Hermogenis filicem unquam bonum exitum facturam? Ille miluo volanti poterat ungues resecare; colubra restem non parit. Glyco, Glyco dedit suas; itaque quamdiu vixerit, habebit stigmam, nec illam nisi Orcus delebit. Sed sibi quisque peccat. Sed subolfacio quia nobis epulum daturus est Mammaea, binos denarios mihi et meis. Quod si hoc fecerit, eripiat Norbano totum favorem. Scias oportet plenis velis hunc vinciturum. Et revera, quid ille nobis boni fecit? Dedit gladiatores sestertiarios iam decrepitos, quos si sufflasses, cecidissent; iam meliores bestiarios vidi. Occidit de lucerna equites; putares eos gallos gallinaceos: alter burdubasta, alter loripes, tertiarius mortuus pro mortuo, qui haberet nervia praecisa. Vnus licuius flaturae fuit Thraex, qui et ipse ad dictata pugnavit. Ad summam, omnes postea secti sunt; adeo de magna turba 'Adhibete' acceperant: plane fugae merae. 'Munus tamen, inquit, tibi dedi — et ego tibi plodo.' Computa, et tibi plus do quam accepi. Manus manum lavat.

[XLVI] "Videris mihi, Agamemnon, dicere: 'Quid iste argutat molestus?' Quia tu, qui potes loquere, non loquis. Non es nostrae fasciae, et ideo pauperorum verba derides. Scimus te prae litteras fatuum esse. Quid ergo est? Aliqua die te persuadeam, ut ad villam venias et videas casulas nostras. Inveniemus quod manducemus, pullum, ova: belle erit, etiam si omnia hoc anno tempestas dispare pallavit. Inveniemus ergo unde saturi fiamus. Et iam tibi discipulus crescit cicaro meus. Iam quattuor partis dicit; si vixerit, habebis ad latus servulum. Nam quicquid illi vacat, caput de tabula non tollit. Ingeniosus est et bono filo, etiam si in aves morbosus est. Ego illi iam tres cardeles occidi, et dixi quia mustella comedit. Invenit tamen alias nenias, et libentissime pingit. Ceterum iam Graeculis calcem impingit et Latinas coepit non male appetere, etiam si magister eius sibi placens sit. Nec uno loco consistit, sed venit <raro; scit qui>dem litteras, sed non vult laborare. Est et alter non quidem doctus, sed curiosus, qui plus docet quam scit. Itaque feriatis diebus solet domum venire, et quicquid dederis, contentus est. Emi ergo nunc puero aliquot libra rubricata, quia volo illum ad domusionem aliquid de iure gustare. Habet haec res panem. Nam litteris satis inquinatus est. Quod si resilierit, destinavi illum artificii docere, aut tonstreinum aut praeconem aut certe causidicum, quod illi auferre non possit nisi Orcus. Ideo illi cotidie clamo: "Primigeni, crede mihi, quicquid discis, tibi discis. Vides Phileronem causidicum: si non didicisset, hodie famem a labris non abigeret. Modo, modo, collo suo circumferebat onera venalia; nunc etiam adversus Norbanum se extendit." Litterae thesaurum est, et artificium nunquam moritur".

[XLVII] Eiusmodi tabulae vibrabant, cum Trimalchio intravit et detersa fronte unguento manus lavit; spatioque minimo interposito: "Ignoscite mihi, inquit, amici, multis iam diebus venter mihi non respondit. Nec medici se inveniunt. Profuit mihi tamen maleicorium et taeda ex aceto. Spero tamen, iam veterem pudorem sibi imponet. Alioquin circa stomachum mihi sonat, putes taurum. Itaque si quis vestrum voluerit sua re causa facere, non est quod illum pudeatur. Nemo nostrum solide natus est. Ego nullum puto tam magnum tormentum esse quam continere. Hoc solum vetare ne Iovis potest. Rides, Fortunata, quae soles me nocte desomnem facere? Nec tamen in triclinio ullum vetuo facere quod se iuvet, et medici vetant continere. Vel si quid plus venit, omnia foras parata sunt: aqua, lasani et cetera minutalia. Credite mihi, anathymiasis si in cerebrum it, et in toto corpore fluctum facit. Multos scio periisse, dum nolunt sibi verum dicere." Gratias agimus liberalitati indulgentiaeque eius, et subinde castigamus crebris potiunculis risum.

Nec adhuc sciebamus nos in medio lautitiarum, quod aiunt, clivo laborare. Nam mundatis ad symphoniam mensis tres albi sues in triclinium adducti sunt capistris et tintinnabulis culti, quorum unum bimum nomenculator esse dicebat, alterum trimum, tertium vero iam sexennem. Ego putabam petauristarios intrasse et porcos, sicut in circulis mos est, portenta aliqua facturos. Sed Trimalchio expectatione discussa: "Quem, inquit, ex eis vultis in cenam statim fieri? Gallum enim gallinaceum, Penthiacum et eiusmodi nenias rustici faciunt: mei coci etiam vitulos aeno coctos solent facere." Continuoque cocum vocari iussit, et non expectata electione nostra maximum natu iussit occidi, et clara voce: "Ex quota decuria es?" Cum ille se ex quadragesima respondisset: "Empticius an, inquit, domi natus? — Neutrum, inquit cocus, sed testamento Pansae tibi relictus sum. — Vide ergo, ait, ut diligenter ponas; si non, te iubebo in decuriam viatorum conici." Et cocum quidem potentiae admonitum in culinam obsonium duxit.

[XLVIII] Trimalchio autem miti ad nos vultu respexit et: "Vinum, inquit, si non placet, mutabo; vos illud oportet bonum faciatis. Deorum beneficio non emo, sed nunc quicquid ad salivam facit, in suburbano nascitur eo, quod ego adhuc non novi. Dicitur confine esse Tarraciniensibus et Tarentinis. Nunc coniungere agellis Siciliam volo, ut cum Africam libuerit ire, per meos fines navigem. Sed narra tu mihi, Agamemnon, quam controversiam hodie declamasti? Ego autem si causas non ago, in domusionem tamen litteras didici. Et ne me putes studia fastiditum, tres bybliothecas habeo, unam Graecam, alteram Latinam. Dic ergo, si me amas, peristasim declamationis tuae."

Cum dixisset Agamemnon: "Pauper et dives inimici erant. . .", ait Trimalchio: "Quid est pauper? — Vrbane", inquit Agamemnon et nescio quam controversiam euit. Statim Trimalchio: "Hoc, inquit, si factum est, controversia non est; si factum non est, nihil est." Haec aliaque cum effusissimis prosequeremur laudationibus: "Rogo, inquit, Agamemnon mihi carissime, numquid duodecim aerumnas Herculis tenes, aut de Vlixe fabulam, quemadmodum illi Cyclops pollicem poricino extorsit? Solebam haec ego puer apud Homerum legere. Nam Sibyllam quidem Cumis ego ipse oculis meis vidi in ampulla pendere, et cum illi pueri dicerent: "Sibilla, ti thelis?", respondebat illa: "apothanin thelo".

[XLIX] Nondum efflaverat omnia, cum repositorium cum sue ingenti mensam occupavit. Mirari nos celeritatem coepimus, et iurare ne gallum quidem gallinaceum tam cito percoqui potuisse, tanto quidem magis, quod longe maior nobis porcus videbatur esse, quam paulo ante aper fuerat. Deinde magis magisque Trimalchio intuens eum: "Quid? quid? inquit, porcus hic non est exinteratus? Non mehercules est. Voca, voca cocum in medio." Cum constitisset ad mensam cocus tristis et diceret se oblitum esse exinterare: "Quid, oblitus? Trimalchio exclamat, putes illum piper et cuminum non coniecisse! Despolia!" Non fit mora, despoliatur cocus atque inter duos tortores maestus consistit. Deprecari tamen omnes coeperunt et dicere: "Solet fieri. — Rogamus mittas. — Postea si fecerit, nemo nostrum pro illo rogabit." Ego crudelissimae severitatis, non potui me tenere, sed inclinatus ad aurem Agamemnonis: "Plane, inquam, hic debet servus esse nequissimus: aliquis obliviscretur porcum exinterare? Non mehercules illi ignoscerem, si piscem praeterisset." At non Trimalchio, qui relaxato in hilaritatem vultu: "Ergo, inquit, quia tam malae memoriae es, palam nobis illum exintera." Recepta cocus tunica cultrum arripuit, porcique ventrem hinc atque illinc timida manu secuit. Nec mora, ex plagis ponderis inclinatione crescentibus tomacula cum botulis effusa sunt.

[L] Plausum post hoc automatum familia dedit et "Gaio feliciter!" conclamavit. Nec non cocus potione honoratus est, etiam argentea corona poculumque in lance accepit Corinthia. Quam cum Agamemnon propius consideraret, ait Trimalchio: "Solus sum qui vera Corinthea habeam." Exspectabam ut pro reliqua insolentia diceret sibi vasa Corintho afferri. Sed ille melius: "Et forsitan, inquit, quaeris quare solus Corinthea vera possideam: quia scilicet aerarius, a quo emo, Corinthus vocatur. Quid est autem

Corintheum, nisi quis Corinthum habeat? Et ne me putetis nesapium esse, valde bene scio, unde primum Corinthea nata sint. Cum Ilium captum est, Hannibal, homo vafer et magnus stelio, omnes statuas aeneas et aureas et argenteas in unum rogum congessit et eas incendit; factae sunt in unum aera miscellanea. Ita ex hac massa fabri sustulerunt et fecerunt catilla et paropsides <et> statuncula. Sic Corinthea nata sunt, ex omnibus in unum, nec hoc nec illud. Ignoscetis mihi quod dixero: ego malo mihi vitrea, certe non olunt. Quod si non frangerentur, mallem mihi quam aurum; nunc autem vilia sunt.

[LI] "Fuit tamen faber qui fecit phialam vitream, quae non frangebatur. Admissus ergo Caesarem est cum suo munere, deinde fecit reporrigere Caesari et illam in pavimentum proiecit. Caesar non pote valdius quam expavit. At ille sustulit phialam de terra; collisa erat tamquam vasum aeneum. Deinde martiolum de sinu protulit et phialam otio belle correxit. Hoc facto putabat se coleum Iovis tenere, utique postquam illi dixit: 'Numquid alius scit hanc condituram vitreorum?' Vide modo. Postquam negavit, iussit illum Caesar decollari: quia enim, si scitum esset, aurum pro luto haberemus.

[LII] "In argento plane studiosus sum. Habeo scyphos urnales plus minus <C> <. . . videtur> quemadmodum Cassandra occidit filios suos, et pueri mortui iacent sic uti vivere putes. Habeo capidem quam <mi> reliquit patronorum <meorum> unus, ubi Daedalus Niobam in equum Troianum includit. Nam Hermerotis pugnas et Petraitis in poculis habeo, omnia ponderosa; meum enim intelligere nulla pecunia vendo."

Haec dum refert, puer calicem proiecit. Ad quem respiciens Trimalchio: "Cito, inquit, te ipsum caede, quia nugax es." Statim puer demisso labro orare. At ille: "Quid me, inquit, rogas? Tanquam ego tibi molestus sim. Suadeo, a te impetres, ne sis nugax." Tandem ergo exoratus a nobis missionem dedit puero. Ille dimissus circa mensam percucurrit. Et "Aquam foras, vinum intro " clamavit <Trimalchio>. Excipimus urbanitatem iocantis, et ante omnes Agamemnon, qui sciebat quibus meritis revocaretur ad cenam. Ceterum laudatus Trimalchio hilarius bibit et iam ebrio proximus: "Nemo, inquit, vestrum rogat Fortunatam meam, ut saltet? Credite mihi: cordacem nemo melius ducit".

Atque ipse erectis super frontem manibus Syrum histrionem exhibebat concinente tota familia: "madeia perimadeia." Et prodisset in medium, nisi Fortunata ad aurem accessisset; et credo, dixerit non decere gravitatem eius tam humiles ineptias. Nihil autem tam inaequale erat; nam modo Fortunatam suam <verebatur>, revertebat modo ad naturam.

[LIII] Et plane interpellavit saltationis libidinem actuarius, qui tanquam Vrbis acta recitavit: "VII kalendas Sextiles: in praedio Cumano, quod est Trimalchionis, nati sunt pueri XXX, puellae XL; sublata in horreum ex area tritici milia modium quingenta; boves domiti quingenti. Eodem die: Mithridates servus in crucem actus est, quia Gai nostri genio male dixerat. Eodem die: in arcam relatum est, quod collocari non potuit, sestertium centies. Eodem die: incendium factum est in hortis Pompeianis, ortum ex aedibus Nastae vilici. — Quid, inquit Trimalchio, quando mihi Pompeiani horti empti sunt? — Anno priore, inquit actuarius, et ideo in rationem nondum venerunt." Excanduit Trimalchio et: "Quicunque, inquit, mihi fundi empti fuerint, nisi intra sextum mensem sciero, in rationes meas inferri vetuo." Iam etiam edicta aedilium recitabantur et saltuariorum testamenta, quibus Trimalchio cum elogio exheredabatur; iam nomina vilicorum et repudiata a circumitore liberta in balneatoris contubernio deprehensa, et atriensis Baias relegatus; iam reus factus dispensator, et iudicium inter cubicularios actum.

Petauristarii autem tandem venerunt. Baro insulsissimus cum scalis constitit puerumque iussit per gradus et in summa parte odaria saltare, circulos deinde ardentes transire et dentibus amphoram sustinere. Mirabatur haec solus Trimalchio dicebatque ingratum artificium esse: ceterum duo esse in rebus humanis, quae libentissime spectaret, petauristarios et cornicines; reliqua, animalia, acroemata, tricas meras esse." Nam et comoedos, inquit, emeram, sed malui illos Atella<na>m facere, et choraulen meum iussi Latine cantare".

[LIV] Cum maxime haec dicente Gaio puer <in lectum> Trimalchionis delapsus est. Conclamavit familia, nec minus convivae, non propter hominem tam putidum, cuius etiam cervices fractas libenter vidissent, sed propter malum exitum cenae, ne necesse haberent alienum mortuum plorare. Ipse Trimalchio cum graviter ingemuisset superque brachium tanquam laesum incubuisset, concurrere medici, et inter primos Fortunata crinibus passis cum scypho, miseramque se atque infelicem proclamavit. Nam puer quidem, qui ceciderat, circumibat iam dudum pedes nostros et missionem rogabat. Pessime mihi erat, ne his precibus per ridiculum aliquid catastropha quaeretur. Nec enim adhuc exciderat cocus ille, qui oblitus fuerat porcum exinterare. Itaque totum circumspicere triclinium coepi, ne per parietem automatum aliquod exiret, utique postquam servus verberari coepit, qui brachium domini contusum alba potius quam conchyliata involverat lana. Nec longe aberravit suspicio mea; in vicem enim poenae venit decretum Trimalchionis, quo puerum iussit liberum esse, ne quis posset dicere tantum virum esse a servo vulneratum.

[LV] Comprobamus nos factum et quam in praecipiti res humanae essent, vario sermone garrimus."Ita, inquit Trimalchio, non oportet hunc casum sine inscriptione transire; statimque codicillos poposcit et non diu cogitatione distorta haec recitavit:

"Quod non expectes, ex transverso fit
et supra nos Fortuna negotia curat:
quare da nobis vina Falerna puer."

Ab hoc epigrammate coepit poetarum esse mentio <...>
diuque summa carminis penes Mopsum Thracem
commorata est <...> donec Trimalchio: "Rogo, inquit,
magister, quid putas inter Ciceronem et Publilium
interesse? Ego alterum puto disertiorem fuisse, alterum
honestiorem. Quid enim his melius dici potest?

Luxuriae ructu Martis marcent moenia.
Tuo palato clausus pavo pascitur
plumato amictus aureo Babylonico,
gallina tibi Numidica, tibi gallus spado.
Ciconia etiam, grata peregrina hospita
pietaticultrix, gracilipes, crotalistria,
avis exul hiemis, titulus tepidi temporis,
nequitiae nidum in caccabo fecit modo.
Quo margarita cara tibi, bacam Indicam?
An ut matrona ornata phaleris pelagiis
tollat pedes indomita in strato extraneo?
Smaragdum ad quam rem viridem, pretiosum vitrum?
Quo Carchedonios optas ignes lapideos?
Nisi ut scintillet probitas e carbunculis?
Aequum est induere nuptam ventum textilem,
palam prostare nudam in nebula linea?

[LVI] "Quod autem, inquit, putamus secundum litteras difficillimum esse artificium? Ego puto medicum et nummularium: medicus, qui scit quid homunciones intra praecordia sua habeant et quando febris veniat, etiam si illos odi pessime, quod mihi iubent saepe anatinam parari; nummularius, qui per argentum aes videt. Nam mutae bestiae laboriosissimae boves et oves: boves, quorum beneficio panem manducamus; oves, quod lana illae nos gloriosos faciunt. Et facinus indignum, aliquis ovillam est et tunicam habet. Apes enim ego divinas bestias puto, quae mel vomunt, etiam si dicuntur illud a Iove afferre. Ideo autem pungunt, quia ubicunque dulce est, ibi et acidum invenies."

Iam etiam philosophos de negotio deiciehat, cum pittacia in scypho circumferri coeperunt, puerque super hoc positus officium apophoreta recitavit. "Argentum sceleratum": allata est perna, supra quam acetabula erant posita. "Cervical": offla collaris allata est. "Serisapia et contumelia": <xerophagiae ex sale> datae sunt et contus cum malo. "Porri et persica": flagellum et cultrum accepit. "Passeres et muscarium": uvam passam et mel Atticum. "Cenatoria et forensia": offlam et tabulas accepit. "Canale et pedale": lepus et solea est allata. "Muraena et littera": murem cum rana alligatum fascemque betae accepit. Diu risimus. Sexcenta huiusmodi fuerunt, quae iam exciderunt memoriae meae.

[LVII] Ceterum Ascyltos, intemperantis licentiae, cum omnia sublatis manibus eluderet et usque ad lacrimas rideret, unus ex conlibertis Trimalchionis excanduit, is ipse qui supra me discumbebat, et:

"Quid rides, inquit, berbex? An tibi non placent lautitiae domini mei? Tu enim beatior es et convivare melius soles. Ita Tutelam huius loci habeam propitiam, ut ego si secundum illum discumberem, iam illi balatum clusissem. Bellum pomum, qui rideatur alios; larifuga nescio quis, nocturnus, qui non valet lotium suum. Ad summam, si circumminxero illum, nesciet qua fugiat. Non mehercules soleo cito fervere, sed in molle carne vermes nascuntur. Ridet! Quid habet quod rideat? Numquid pater fetum emit lamna? Eques Romanus es? Et ego regis filius. Quare ergo servivisti? Quia ipse me dedi in servitutem et malui civis Romanus esse quam tributarius. Et nunc spero me sic vivere, ut nemini iocus sim. Homo inter homines sum, capite aperto ambulo; assem aerarium nemini debeo; constitutum habui nunquam; nemo mihi in foro dixit: 'Redde quod debes'. Glebulas emi, lamellulas paravi; viginti ventres pasco et canem; contubernalem meam redemi, ne qui in illius capillis manus tergeret; mille denarios pro capite solvi; sevir gratis factus sum; spero, sic moriar, ut mortuus non erubescam. Tu autem tam laboriosus es, ut post te non respicias! In alio peduclum vides, in te ricinum non vides. Tibi soli ridiclei videmur; ecce magister tuus, homo maior natus: placemus illi. Tu lacticulosus, nec 'mu' nec 'ma' argutas, vasus fictilis, immo lorus in aqua: lentior, non melior. Tu beatior es: bis prande, bis cena. Ego fidem meam malo quam thesauros. Ad summam, quisquam me bis poposcit? Annis quadraginta servivi; nemo tamen scit utrum servus essem an liber. Et puer capillatus in hanc coloniam veni; adhuc basilica non erat facta. Dedi tamen operam ut domino satis facerem, homini maiesto et dignitosso, cuius pluris erat unguis quam tu totus es. Et habebam in domo qui mihi pedem opponerent hac illac; tamen — genio illius gratias! — enatavi. Haec sunt vera athla; nam in ingenuum nasci tam facile est quam 'Accede istoc'. Quid nunc stupes tanquam hircus in ervilia?"

[LVIII] Post hoc dictum Giton, qui ad pedes stabat, risum iam diu compressum etiam indecenter effudit. Quod cum animadvertisset adversarius Ascylti, flexit convicium in puerum et: "Tu autem, inquit, etiam tu rides, caepa cirrata? O? Saturnalia? rogo, mensis December est? Quando vicesimam numerasti? Quid faciat crucis offla, corvorum cibaria. Curabo iam tibi Iovis iratus sit, et isti qui tibi non imperat. Ita satur pane fiam, ut ego istud conliberto meo dono, alioquin iam tibi depraesentiarum reddidissem. Bene nos habemus, at isti nugae, qui tibi non imperant. Plane qualis dominus, talis et servus. Vix me teneo, nec sum natura caldicerebrius, <sed> cum coepi, matrem meam dupundii non facio. Recte, videbo te in publicum, mus, immo terrae tuber: nec sursum nec deorsum non cresco, nisi dominum tuum in rutae folium non conieci, nec tibi parsero, licet mehercules Iovem Olympium clames. Curabo longe tibi sit comula ista besalis et dominus dupunduarius. Recte, venies sub dentem: aut ego non me novi, aut non deridebis, licet barbam auream habeas. Athana tibi irata sit curabo, et qui te primus deurode fecit. Non didici geometrias, critica et alogas naenias, sed lapidarias litteras scio, partes centum dico ad aes, ad pondus, ad nummum. Ad summam, si quid vis, ego et tu sponsiunculam: exi, defero lamnam. Iam scies patrem tuum mercedes perdidisse, quamvis et rhetoricam scis. Ecce:

'Qui de nobis? longe venio, late venio: solve me'.

Dicam tibi, qui de nobis currit et de loco non movetur; qui de nobis crescit et minor fit. Curris, stupes, satagis, tanquam mus in matella. Ergo aut tace aut meliorem noli molestare, qui te natum non putat, nisi si me iudicas anulos buxeos curare, quos amicae tuae involasti. Occuponem propitium! Eamus in forum et pecunias mutuemur: iam scies hoc ferrum fidem habere. Vah, bella res est volpis uda! Ita lucrum faciam et ita bene moriar ut populus per exitum meum iuret, nisi te toga ubique perversa fuero persecutus. Bella res et iste, qui te haec docet: mufrius, non magister. <Nos aliter> didicimus. Dicebat enim magister: 'Sunt vestra salva? Recta domum. Cave circumspicias, cave maiorem maledicas'. At nunc mera mapalia: nemo dupondii evadit. Ego, quod me sic vides, propter artificium meum diis gratias ago."

[LIX] Coeperat Ascyltos respondere convicio, sed Trimalchio delectatus colliberti eloquentia: "Agite, inquit, scordalias de medio. Suaviter sit potius, et tu, Hermeros, parce adulescentulo. Sanguen illi fervet, tu melior esto. Semper in hac re qui vincitur, vincit. Et tu cum esses capo, cocococo, atque cor non habebas. Simus ergo, quod melius est, a primitiis hilares et Homeristas spectemus." Intravit factio statim hastisque scuta concrepuit. Ipse Trimalchio in pulvino consedit, et cum Homeristae Graecis versibus colloquerentur, ut insolenter solent, ille canora voce Latine legebat librum. Mox silentio facto: "Scitis, inquit, quam fabulam agant? Diomedes et Ganymedes duo fratres fuerunt. Horum soror erat Helena. Agamemnon illam rapuit et Dianae cervam subiecit. Ita nunc Homeros dicit, quemadmodum inter se pugnent Troiani et Parentini. Vicit scilicet, et Iphigeniam, filiam suam, Achilli dedit uxorem. Ob eam rem Aiax insanit, et statim argumentum explicabit." Haec ut dixit Trimalchio, clamorem Homeristae sustulerunt, interque familiam discurrentem vitulus in lance ducenaria elixus allatus est, et quidem galeatus. Secutus est Aiax strictoque gladio, tanquam insaniret, concidit, ac modo versa modo supina gesticulatus, mucrone frusta collegit mirantibusque vitulum partitus est.

[LX] Nec diu mirari licuit tam elegantes strophas; nam repente lacunaria sonare coeperunt totumque triclinium intremuit. Consternatus ego exsurrexi, et timui ne per tectum petauristarius aliquis descenderet. Nec minus reliqui convivae mirantes erexere vultus expectantes quid novi de caelo nuntiaretur. Ecce autem diductis lacunaribus subito circulus ingens, de cupa videlicet grandi excussus, demittitur, cuius per totum orbem coronae aureae cum alabastris unguenti pendebant. Dum haec apophoreta iubemur sumere, respiciens ad mensam <...>.

Iam illic repositorium cum placentis aliquot erat positum, quod medium Priapus a pistore factus tenebat, gremioque satis amplo omnis generis poma et uvas sustinebat more vulgato. Avidius ad pompam manus porreximus, et repente nova ludorum remissio hilaritatem hic refecit. Omnes enim placentae omniaque poma etiam minima vexatione contacta coeperunt effundere crocum, et usque ad nos molestus umor accedere. Rati ergo sacrum esse fericulum tam religioso apparatu perfusum, consurreximus altius et "Augusto, patri patriae, feliciter " diximus. Quibusdam tamen etiam post hanc venerationem poma rapientibus, et ipsi mappas implevimus, ego praecipue, qui nullo satis amplo munere putabam me onerare Gitonis sinum.

Inter haec tres pueri candidas succincti tunicas intraverunt, quorum duo Lares bullatos super mensam posuerunt, unus pateram vini circumferens "dii propitii " clamabat.

Aiebat autem unum Cerdonem, alterum Felicionem, tertium Lucronem vocari. Nos etiam veram imaginem ipsius Trimalchionis, cum iam omnes basiarent, erubuimus praeterire.

[LXI] Postquam ergo omnes bonam mentem bonamque valitudinem sibi optarunt, Trimalchio ad Nicerotem respexit et: "Solebas, inquit, suavius esse in convictu; nescio quid nunc taces nec muttis. Oro te, sic felicem me videas, narra illud quod tibi usu venit." Niceros delectatus affabilitate amici: "Omne me, inquit, lucrum transeat, nisi iam dudum gaudimonio dissilio, quod te talem video. Itaque hilaria mera sint, etsi timeo istos scolasticos ne me rideant. Viderint: narrabo tamen, quid enim mihi aufert, qui ridet? satius est rideri quam derideri."

Haec ubi dicta dedit
talem fabulam exorsus est:

"Cum adhuc servirem, habitabamus in vico angusto; nunc Gavillae domus est. Ibi, quomodo dii volunt, amare coepi uxorem Terentii coponis: noveratis Melissam Tarentinam, pulcherrimum bacciballum. Sed ego non mehercules corporaliter aut propter res venerias curavi, sed magis quod benemoria fuit. Si quid ab illa petii, nunquam mihi negatum; fecit assem, semissem habui; in illius sinum demandavi, nec unquam fefellitus sum. Huius contubernalis ad villam supremum diem obiit. Itaque per scutum per ocream egi aginavi, quemadmodum ad illam pervenirem: nam, ut aiunt, in angustiis amici apparent.

[LXII] "Forte dominus Capuae exierat ad scruta scita expedienda. Nactus ego occasionem persuadeo hospitem nostrum, ut mecum ad quintum miliarium veniat. Erat autem miles, fortis tanquam Orcus. Apoculamus nos circa gallicinia; luna lucebat tanquam meridie. Venimus inter monimenta: homo meus coepit ad stelas facere; sedeo ego cantabundus et stelas numero. Deinde ut respexi ad comitem, ille exuit se et omnia vestimenta secundum viam posuit. Mihi anima in naso esse; stabam tanquam mortuus. At ille circumminxit vestimenta sua, et subito lupus factus est. Nolite me iocari putare; ut mentiar, nullius patrimonium tanti facio. Sed, quod coeperam dicere, postquam lupus factus est, ululare coepit et in silvas fugit. Ego primitus nesciebam ubi essem; deinde accessi, ut vestimenta eius tollerem: illa autem lapidea facta sunt. Qui mori timore nisi ego? Gladium tamen strinxi et <in tota via> umbras cecidi, donec ad villam amicae meae pervenirem. In larvam intravi, paene animam ebullivi, sudor mihi per bifurcum volabat, oculi mortui; vix unquam refectus sum. Melissa mea mirari coepit, quod tam sero ambularem, et: 'Si ante, inquit, venisses, saltem nobis adiutasses; lupus enim villam intravit et omnia pecora tanquam lanius sanguinem illis misit. Nec tamen derisit, etiamsi fugit; senius enim noster lancea collum eius traiecit'. Haec ut audivi, operire oculos amplius non potui, sed luce clara Gai nostri domum fugi tanquam copo compilatus; et postquam veni in illum locum, in quo lapidea vestimenta erant facta, nihil inveni nisi sanguinem. Vt vero domum veni, iacebat miles meus in lecto tanquam bovis, et collum illius medicus curabat. Intellexi illum versipellem esse, nec postea cum illo panem gustare potui, non si me occidisses. Viderint quid de hoc alii exopinissent; ego si mentior, genios vestros iratos habeam."

[LXIII] Attonitis admiratione universis: "Salvo, inquit, tuo sermone, Trimalchio, si qua fides est, ut mihi pili inhorruerunt, quia scio Niceronem nihil nugarum narrare: immo certus est et minime linguosus. Nam et ipse vobis rem horribilem narrabo. Asinus in tegulis.

"Cum adhuc capillatus essem, nam a puero vitam Chiam gessi, ipsimi nostri delicatus decessit, mehercules margaritum, <sacritus> et omnium numerum. Cum ergo illum mater misella plangeret et nos tum plures in tristimonio essemus, subito <stridere> strigae coeperunt; putares canem leporem persequi. Habebamus tunc hominem Cappadocem, longum, valde audaculum et qui valebat: poterat bovem iratum tollere. Hic audacter stricto gladio extra ostium procucurrit, involuta sinistra manu curiose, et mulierem tanquam hoc loco — salvum sit, quod tango! — mediam traiecit. Audimus gemitum, et — plane non mentiar — ipsas non vidimus. Baro autem noster introversus se proiecit in lectum, et corpus totum lividum habebat quasi flagellis caesus, quia scilicet illum tetigerat mala manus. Nos cluso ostio redimus iterum ad officium, sed dum mater amplexaret corpus filii sui, tangit et videt manuciolum de stramentis factum. Non cor habebat, non intestina, non quicquam: scilicet iam puerum strigae involaverant et supposuerant stramenticium vavatonem. Rogo vos, oportet credatis, sunt mulieres plussciae, sunt Nocturnae, et quod sursum est, deorsum faciunt. Ceterum baro ille longus post hoc factum nunquam coloris sui fuit, immo post paucos dies freneticus periit."

[LXIV] Miramur nos et pariter credimus, osculatique mensam rogamus Nocturnas, ut suis se teneant, dum redimus a cena.

Et sane iam lucernae mihi plures videbantur ardere totumque triclinium esse mutatum, cum Trimalchio: "Tibi dico, inquit, Plocame, nihil narras? nihil nos delectaris? Et solebas suavius esse, canturire belle deverbia, adicere melicam. Heu, heu, abistis dulces caricae. — Iam, inquit ille, quadrigae meae decucurrerunt, ex quo podagricus factus sum. Alioquin cum essem adulescentulus, cantando paene tisicus factus sum. Quid saltare? quid deverbia? quid tonstrinum? Quando parem habui nisi unum Apelletem?"

Appositaque ad os manu, nescio quid taetrum exsibilavit quod postea Graecum esse affirmabat. Nec non Trimalchio ipse cum tubicines esset imitatus, ad delicias suas respexit, quem Croesum appellabat. Puer autem lippus, sordidissimis dentibus, catellam nigram atque indecenter pinguem prasina involuebat fascia, panemque semissem ponebat supra torum, ac nausia recusantem saginabat. Quo admonitus officio Trimalchio Scylacem iussit adduci "praesidium domus familiaeque". Nec mora, ingentis formae adductus est canis catena vinctus, admonitusque ostiarii calce ut cubaret, ante mensam se posuit. Tum Trimalchio iactans candidum panem: "Nemo, inquit, in domo mea me plus amat." Indignatus puer, quod Scylacem tam effuse laudaret, catellam in terram deposuit hortatusque <est> ut ad rixam properaret. Scylax, canino scilicet usus ingenio, taeterrimo latratu triclinium implevit Margaritamque Croesi paene laceravit. Nec intra rixam tumultus constitit, sed candelabrum etiam supra mensam eversum et vasa omnia crystallina comminuit, et oleo ferventi aliquot convivas respersit. Trimalchio, ne videretur iactura motus, basiavit puerum ac iussit supra dorsum ascendere suum. Non moratus ille usus est equo, manuque plena scapulas eius subinde verberavit, interque risum proclamavit: "Bucco, bucco, quot sunt hic?" Repressus ergo aliquamdiu Trimalchio camellam grandem iussit misceri potiones<que> dividi omnibus servis, qui ad pedes sedebant, adiecta exceptione: "Si quis, inquit, noluerit accipere, caput illi perfunde. Interdiu severa, nunc hilaria".

[LXV] Hanc humanitatem insecutae sunt matteae, quarum etiam recordatio me, si qua est dicenti fides, offendit. Singulae enim gallinae altiles pro turdis circumlatae sunt et ova anserina pilleata, quae ut comessemus, ambitiosissime <a> nobis Trimalchio petiit dicens exossatas esse gallinas. Inter haec triclinii valvas lictor percussit, amictusque veste alba cum ingenti frequentia comissator intravit. Ego maiestate conterritus praetorem putabam venisse. Itaque temptavi assurgere et nudos pedes in terram deferre. Risit hanc trepidationem Agamemnon et: "Contine te, inquit, homo stultissime. Habinnas sevir est idemque lapidarius, qui videtur monumenta optime facere."

Recreatus hoc sermone reposui cubitum, Habinnamque intrantem cum admiratione ingenti spectabam. Ille autem iam ebrius uxoris suae umeris imposuerat manus, oneratusque aliquot coronis et unguento per frontem in oculos fluente, praetorio loco se posuit, continuoque vinum et caldam poposcit. Delectatus hac Trimalchio hilaritate et ipse capaciorem poposcit scyphum, quaesivitque quomodo acceptus esset. "Omnia, inquit, habuimus praeter te; oculi enim mei hic erant. Et mehercules bene fuit. Scissa lautum novendialem servo suo misello faciebat, quem mortuum manu miserat. Et, puto, cum vicensimariis magnam mantissam habet; quinquaginta enim millibus aestimant mortuum. Sed tamen suaviter fuit, etiam si coacti sumus dimidias potiones super ossucula eius effundere."

[LXVI] — Tamen, inquit Trimalchio, quid habuistis in cena? — Dicam, inquit, si potuero; nam tam bonae memoriae sum, ut frequenter nomen meum obliviscar. Habuimus tamen in primo porcum botulo coronatum et circa sangunculum et gizeria optime facta et certe betam et panem autopyrum de suo sibi, quem ego malo quam candidum; <nam> et vires facit, et cum mea re causa facio, non ploro. Sequens ferculum fuit sciribilita frigida et supra mel caldum infusum excellente Hispanum. Itaque de sciribilita quidem non minimum edi, de melle me usque tetigi. Circa cicer et lupinum, calvae arbitratu et mala singula. Ego tamen duo sustuli et ecce in mappa alligata habeo; nam si aliquid muneris meo vernulae non tulero, habebo convicium. Bene me admonet domina mea. In prospectu habuimus ursinae frustum, de quo cum imprudens Scintilla gustasset, paene intestina sua vomuit; ego contra plus libram comedi, nam ipsum aprum sapiebat. Et si, inquam, ursus homuncionem comest, quanto magis homuncio debet ursum comesse? In summo habuimus caseum mollem et sapam et cocleas singulas et cordae frusta et hepatia in catillis et ova pilleata et rapam et senape et catillum concacatum — pax Palamedes! — Etiam in alveo circumlata sunt oxycomina, unde quidam etiam improbi ternos pugnos sustulerunt. Nam pernae missionem dedimus.

[LXVII] "Sed narra mihi, Gai, rogo, Fortunata quare non recumbit? — Quomodo nosti, inquit, illam, Trimalchio, nisi argentum composuerit, nisi reliquias pueris diviserit, aquam in os suum non coniciet. — Atqui, respondit Habinnas, nisi illa discumbit, ego me apoculo." Et coeperat surgere, nisi signo dato Fortunata quater amplius a tota familia esset vocata. Venit ergo galbino succincta cingillo, ita ut infra cerasina appareret tunica et periscelides tortae phaecasiaeque inauratae. Tunc sudario manus tergens, quod in collo habebat, applicat se illi toro, in quo Scintilla Habinnae discumbebat uxor, osculataque plaudentem: "Est te, inquit, videre?"

Eo deinde perventum est, ut Fortunata armillas suas crassissimis detraheret lacertis Scintillaeque miranti ostenderet. Vltimo etiam periscelides resolvit et reticulum aureum, quem ex obrussa esse dicebat. Notavit haec Trimalchio iussitque afferri omnia et: "Videtis, inquit, mulieris compedes: sic nos barcalae despoliamur. Sex pondo et selibram debet habere. Et ipse nihilo minus habeo decem pondo armillam ex millesimis Mercurii factam." Vltimo etiam, ne mentiri videretur, stateram iussit afferri et circulatum approbari pondus. Nec melior Scintilla, quae de cervice sua capsellam detraxit aureolam, quam Felicionem appellabat. Inde duo crotalia protulit et Fortunatae invicem consideranda dedit et: "Domini, inquit, mei beneficio nemo habet meliora. — Quid? inquit Habinnas, excatarissasti me, ut tibi emerem fabam vitream. Plane si filiam haberem, auriculas illi praeciderem. Mulieres si non essent, omnia pro luto haberemus; nunc hoc est caldum meiere et frigidum potare."

Interim mulieres sauciae inter se riserunt ebriaeque iunxerunt oscula, dum altera diligentiam matris familiae iactat, altera delicias et indiligentiam viri. Dumque sic cohaerent, Habinnas furtim consurrexit, pedesque Fortunatae correptos super lectum immisit. "Au! au!" illa proclamavit aberrante tunica super genua. Composita ergo in gremio Scintillae indecentissimam rubore faciem sudario abscondit.

[LXVIII] Interposito deinde spatio cum secundas mensas Trimalchio iussisset afferri, sustulerunt servi omnes mensas et alias attulerunt, scobemque croco et minio tinctam sparserunt et, quod nunquam ante videram, ex lapide speculari pulverem tritum. Statim Trimalchio: "Poteram quidem, inquit, hoc fericulo esse contentus; secundas enim mensas habetis. <Sed> si quid belli habes, affer".

Interim puer Alexandrinus, qui caldam ministrabat, luscinias coepit imitari clamante Trimalchione subinde: "Muta!". Ecce alius ludus. Servus qui ad pedes Habinnae sedebat, iussus, credo, a domino suo proclamavit subito canora voce:

Interea medium Aeneas iam classe tenebat...

Nullus sonus unquam acidior percussit aures meas; nam praeter errantis barbariae aut adiectum aut deminutum clamorem, miscebat Atellanicos versus, ut tunc primum me etiam Vergilius offenderit. Lassus tamen cum aliquando desisset, adiecit Habinnas et "Nun<quam, in>quit, didicit, sed ego ad circulatores eum mittendo erudibam. Itaque parem non habet, sive muliones volet sive circulatores imitari. Desperatum valde ingeniosus est: idem sutor est, idem cocus, idem pistor, omnis Musae mancipium. Duo tamen vitia habet, quae si non haberet, esset omnium numerum: recutitus est et stertit. Nam quod strabonus est, non curo; sicut Venus spectat. Ideo nihil tacet, vix oculo mortuo unquam. Illum emi trecentis denariis..."

[LXIX] Interpellavit loquentem Scintilla et: "Plane, inquit, non omnia artificia servi nequam narras. Agaga est; at curabo stigmam habeat." Risit Trimalchio et: "Adcognosco, inquit, Cappadocem: nihil sibi defraudit, et mehercules laudo illum; hoc enim nemo parentat. Tu autem, Scintilla, noli zelotypa esse. Crede mihi, et vos novimus. Sic me salvum habeatis, ut ego sic solebam ipsumam meam debattuere, ut etiam dominus suspicaretur; et ideo me in vilicationem relegavit. Sed tace, lingua, dabo panem." Tanquam laudatus esset nequissimus servus, lucernam de sinu fictilem protulit et amplius semihora tubicines imitatus est succinente Habinna et inferius labrum manu deprimente. Vltimo etiam in medium processit et modo harundinibus quassis choraulas imitatus est, modo lacernatus cum flagello mulionum fata egit, donec vocatum ad se Habinnas basiavit, potionemque illi porrexit et: "Tanto melior, inquit, Massa, dono tibi caligas".

Nec ullus tot malorum finis fuisset, nisi epidipnis esset allata, turdi siligine<i> uvis passis nucibusque farsi. Insecuta sunt Cydonia etiam mala spinis confixa, ut echinos efficerent. Et haec quidem tolerabilia erant, si non fericulum longe monstrosius effecisset ut vel fame perire mallemus. Nam cum positus esset, ut nos putabamus, anser altilis circaque pisces et omnium genera avium: "<Amici>, inquit Trimalchio, quicquid videtis hic positum, de uno corpore est factum." Ego scilicet homo prudentissimus, statim intellexi quid esset, et respiciens Agamemnon: "Mirabor, inquam, nisi omnia ista de <fimo> facta sunt aut certe de luto. Vidi Romae Saturnalibus eiusmodi cenarum imaginem fieri".

[LXX] Necdum finieram sermonem, cum Trimalchio ait: "Ita crescam patrimonio, non corpore, ut ista cocus meus de porco fecit. Non potest esse pretiosior homo. Volueris, de vulva faciet piscem, de lardo palumbam, de perna turturem, de colaepio gallinam. Et ideo ingenio meo impositum est illi nomen bellissimum; nam Daedalus vocatur. Et quia bonam mentem habet, attuli illi Roma munus cultros Norico ferro." Quos statim iussit afferri, inspectosque miratus est. Etiam nobis potestatem fecit ut mucronem ad buccam probaremus.

Subito intraverunt duo servi, tanquam qui rixam ad lacum fecissent; certe in collo adhuc amphoras habebant. Cum ergo Trimalchio ius inter litigantes diceret, neuter sententiam tulit decernentis, sed alterius amphoram fuste percussit. Consternati nos insolentia ebriorum

51

intentavimus oculos in proeliantes, notavimusque ostrea pectinesque e gastris labentia, quae collecta puer lance circumtulit. Has lautitias aequavit ingeniosus cocus; in craticula enim argentea cocleas attulit et tremula taeterrimaque voce cantavit.

Pudet referre quae secuntur: inaudito enim more pueri capillati attulerunt unguentum in argentea pelve pedesque recumbentium unxerunt, cum ante crura talosque corollis vinxissent. Hinc ex eodem unguento in vinarium atque lucernam aliquantum est infusum.

Iam coeperat Fortunata velle saltare, iam Scintilla frequentius plaudebat quam loquebatur, cum Trimalchio: "Permitto, inquit, Philargyre et Cario, etsi prasinianus es famosus, dic et Menophilae, contubernali tuae, discumbat. "Quid multa? Paene de lectis deiecti sumus, adeo totum triclinium familia occupaverat. Certe ego notavi super me positum cocum, qui de porco anserem fecerat, muria condimentisque fetentem. Nec contentus fuit recumbere, sed continuo Ephesum tragoedum coepit imitari et subinde dominum suum sponsione provocare si prasinus proximis circensibus primam palmam".

[LXXI] Diffusus hac contentione Trimalchio: "Amici, inquit, et servi homines sunt et aeque unum lactem biberunt, etiam si illos malus fatus oppresserit. Tamen me salvo cito aquam liberam gustabunt. Ad summam, omnes illos in testamento meo manu mitto. Philargyro etiam fundum lego et contubernalem suam, Carioni quoque insulam et vicesimam et lectum stratum. Nam Fortunatam meam heredem facio, et commendo illam omnibus amicis meis. Et haec ideo omnia publico, ut familia mea iam nunc sic me amet tanquam mortuum".

Gratias agere omnes indulgentiae coeperant domini, cum ille oblitus nugarum exemplar testamenti iussit afferri et totum a primo ad ultimum ingemescente familia recitavit. Respiciens deinde Habinnam: "Quid dicis, inquit, amice carissime? Aedificas monumentum meum quemadmodum te iussi? Valde te rogo, ut secundum pedes statuae meae catellam pingas et coronas et unguenta et Petraitis omnes pugnas, ut mihi contingat tuo beneficio post mortem vivere; praeterea ut sint in fronte pedes centum, in agrum pedes ducenti. Omne genus enim poma volo sint circa cineres meos, et vinearum largiter. Valde enim falsum est vivo quidem domos cultas esse, non curari eas, ubi diutius nobis habitandum est. Et ideo ante omnia adici volo: HOC MONUMENTUM HEREDEM NON SEQUATUR. Ceterum erit mihi curae, ut testamento caveam ne mortuus iniuriam accipiam. Praeponam enim unum ex libertis sepulchro meo custodiae causa, ne in monumentum meum populus cacatum currat. Te rogo, ut naves etiam <in fronte> monumenti mei facias plenis velis euntes, et me in tribunali sedentem praetextatum cum anulis aureis quinque et nummos in publico de sacculo effundentem; scis enim, quod epulum dedi binos denarios. Faciatur, si tibi videtur, et triclinia. Facies et totum populum sibi suaviter facientem. Ad dexteram meam pones statuam Fortunatae meae columbam tenentem, et catellam cingulo alligatam ducat, et cicaronem meum, et amphoras copiosas gypsatas, ne effluant vinum. Et urnam licet fractam sculpas, et super eam puerum plorantem. Horologium in medio, ut quisquis horas inspiciet, velit nolit, nomen meum legat. Inscriptio quoque vide diligenter si haec satis idonea tibi videtur:

C. POMPEIVS TRIMALCHIO MAECENATIANVS HIC REQVIESCIT
HVIC SEVIRATVS ABSENTI DECRETVS EST
CVM POSSET IN OMNIBVS DECVRIIS ROMAE ESSE TAMEN NOLVIT
PIVS FORTIS FIDELIS EX PARVO CREVIT SESTERTIVM RELIQVIT TRECENTIES
NEC VNQVAM PHILOSOPHVM AVDIVIT
VALE
ET TV "

[LXXII] Haec ut dixit Trimalchio, flere coepit ubertim. Flebat et Fortunata, flebat et Habinnas, tota denique familia, tanquam in funus rogata, lamentatione triclinium implevit. Immo iam coeperam etiam ego plorare, cum Trimalchio: "Ergo, inquit, cum sciamus nos morituros esse, quare non vivamus? Sic nos felices videam, coniciamus nos in balneum, meo periculo, non paenitebit. Sic calet tanquam furnus. — Vero, vero, inquit Habinnas, de una die duas facere, nihil malo "; nudisque consurrexit pedibus et Trimalchionem gaudentem subsequi.

Ego respiciens ad Ascylton: "Quid cogitas? inquam, ego enim si videro balneum, statim expirabo. — Assentemur, ait ille, et dum illi balneum petunt, nos in turba exeamus".

Cum haec placuissent, ducente per porticum Gitone ad ianuam venimus, ubi canis catenarius tanto nos tumultu excepit, ut Ascyltos etiam in piscinam ceciderit. Nec non ego quoque ebrius, qui etiam pictum timueram canem, dum natanti opem fero, in eundem gurgitem tractus sum. Servavit nos tamen atriensis, qui interventu suo et canem placavit et nos trementes extraxit in siccum. At Giton quidem iam dudum <se> servatione acutissima redemerat a cane: quicquid enim a nobis acceperat de cena, latranti sparserat, et ille avocatus cibo furorem suppresserat. Ceterum cum algentes utique petissemus ab atriense ut nos extra ianuam emitteret: "Erras, inquit, si putas te exire hac posse, qua venisti. Nemo unquam convivarum per eandem ianuam emissus est; alia intrant, alia exeunt."

[LXXIII] Quid faciamus homines miserrimi et novi generis labyrintho inclusi, quibus lavari iam coeperat votum esse? Vltro ergo rogavimus ut nos ad balneum duceret, proiectisque vestimentis, quae Giton in aditu siccare coepit, balneum intravimus, angustum scilicet et cisternae frigidariae simile, in qua Trimalchio rectus stabat. Ac ne sic quidem putidissimam eius iactationem licuit effugere; nam nihil melius esse dicebat quam sine turba lavari, et eo ipso loco aliquando pistrinum fuisse. Deinde ut lassatus consedit, invitatus balnei sono diduxit usque ad cameram os ebrium et coepit Menecratis cantica lacerare, sicut illi dicebant, qui linguam eius intellegebant. Ceteri convivae circa labrum manibus nexis currebant, et gingilipho ingenti clamore exsonabant. Alii autem aut restrictis manibus anulos de pavimento conabantur tollere, aut posito genu cervices post terga flectere, et pedum extremos pollices tangere. Nos, dum alii sibi ludos faciunt, in solium, quod Trimalchioni parabatur, descendimus.

Ergo ebrietate discussa in aliud triclinium deducti sumus ubi Fortunata disposuerat lautitias ita ut supra lucernas <vidi . . .> aeneolosque piscatores notaverim et mensas totas argenteas calicesque circa fictiles inauratos et vinum in conspectu sacco defluens. Tum Trimalchio: "Amici, inquit, hodie servus meus barbatoriam fecit, homo praefiscini frugi et micarius. Itaque tangomenas faciamus et usque in lucem cenemus".

[LXXIV] Haec dicente eo gallus gallinaceus cantavit. Qua voce confusus Trimalchio vinum sub mensa iussit effundi lucernamque etiam mero spargi. Immo anulum traiecit in dexteram manum et: "Non sine causa, inquit, hic bucinus signum dedit; nam aut incendium oportet fiat, aut aliquis in vicinia animam abiciat. Longe a nobis! Itaque quisquis hunc indicem attulerit, corollarium accipiet." Dicto citius de vicinia gallus allatus est, quem Trimalchio iussit ut aeno coctus fieret. Laceratus igitur ab illo doctissimo coco, qui paulo ante de porco aves piscesque fecerat, in caccabum est coniectus. Dumque Daedalus potionem ferventissimam haurit, Fortunata mola buxea piper trivit.

Sumptis igitur matteis, respiciens ad familiam Trimalchio: "Quid vos, inquit, adhuc non cenastis? Abite, ut alii veniant ad officium." Subiit igitur alia classis, et illi quidem exclamavere: "Vale Gai ", hi autem: "Ave Gai." Hinc primum hilaritas nostra turbata est; nam cum puer non inspeciosus inter novos intrasset ministros, invasit eum Trimalchio et osculari diutius coepit. Itaque Fortunata, ut ex aequo ius firmum approbaret, male dicere Trimalchionem coepit et purgamentum dedecusque praedicare, qui non contineret libidinem suam. Vltimo etiam adiecit: "canis!". Trimalchio contra offensus convicio calicem in faciem Fortunatae immisit. Illa tanquam oculum perdidisset, exclamavit manusque trementes ad faciem suam admovit. Consternata est etiam Scintilla trepidantemque sinu suo texit. Immo puer quoque officiosus urceolum frigidum ad malam eius admovit, super quem incumbens Fortunata gemere ac flere coepit. Contra Trimalchio: "Quid enim, inquit, ambubaia non meminit se? de machina illam sustuli, hominem inter homines feci. At inflat se tanquam rana, et in sinum suum non spuit, codex, non mulier. Sed hic, qui in pergula natus est, aedes non somniatur. Ita genium meum propitium habeam, curabo domata sit Cassandra caligaria. Et ego, homo dipundiarius, sestertium centies accipere potui. Scis tu me non mentiri. Agatho unguentarius here proxime seduxit me et: 'Suadeo, inquit, non patiaris genus tuum interire.' At ego dum bonatus ago et nolo videri levis, ipse mihi asciam in crus impegi. Recte, curabo me unguibus quaeras. Et, ut depraesentiarum intelligas quid tibi feceris: Habinna, nolo statuam eius in monumento meo ponas, ne mortuus quidem lites habeam. Immo, ut sciat me posse malum dare, nolo me mortuum basiet."

[LXXV] Post hoc fulmen Habinnas rogare coepit ut iam desineret irasci, et: "Nemo, inquit, nostrum non peccat. Homines sumus, non dei." Idem et Scintilla flens dixit, ac per genium eius Gaium appellando rogare coepit ut se frangeret. Non tenuit ultra lacrimas Trimalchio et: "Rogo, inquit, Habinna, sic peculium tuum fruniscaris: si quid perperam feci, in faciem meam inspue. Puerum basiavi frugalissimum, non propter formam, sed quia frugi est: decem partes dicit, librum ab oculo legit, thraecium sibi de diariis fecit, arcisellium de suo paravit et duas trullas. Non est dignus quem in oculis feram? Sed Fortunata vetat. Ita tibi videtur, fulcipedia? Suadeo, bonum tuum concoquas, milva, et me non facias ringentem, amasiuncula: alioquin experieris cerebrum meum. Nosti me: quod semel destinavi, clavo tabulari fixum est. Sed vivorum meminerimus. Vos rogo, amici, ut vobis suaviter sit. Nam ego quoque tam fui quam vos estis, sed virtute mea ad hoc perveni. Corcillum est quod homines facit, cetera quisquilia omnia. Bene emo, bene vendo; alius alia vobis dicet. Felicitate dissilio. Tu autem, sterteia, etiamnum ploras? Iam curabo fatum tuum plores. Sed ut coeperam dicere, ad hanc me fortunam frugalitas mea perduxit.

"Tam magnus ex Asia veni, quam hic candelabrus est. Ad summam, quotidie me solebam ad illum metiri, et ut celerius rostrum barbatum haberem, labra de lucerna ungebam. Tamen ad delicias ipsimi annos quattuordecim fui. Nec turpe est, quod dominus iubet. Ego tamen et ipsimae satis faciebam. Scitis quid dicam: taceo, quia non sum de gloriosis.

[LXXVI] "Ceterum, quemadmodum di volunt, dominus in domo factus sum, et ecce cepi ipsimi cerebellum. Quid multa? coheredem me Caesari fecit, et accepi patrimonium laticlavium. Nemini tamen nihil satis est. Concupivi negotiari. Ne multis vos morer, quinque naves aedificavi, oneravi vinum — et tunc erat contra aurum — misi Romam. Putares me hoc iussisse: omnes naves naufragarunt. Factum, non fabula. Vno die Neptunus trecenties sestertium devoravit. Putatis me defecisse? Non mehercules mi haec iactura gusti fuit, tanquam nihil facti. Alteras feci maiores et meliores et feliciores, ut nemo non me virum fortem diceret. Scis, magna navis magnam fortitudinem habet. Oneravi rursus vinum, lardum, fabam, seplasium, mancipia. Hoc loco Fortunata rem piam fecit: omne enim aurum suum, omnia vestimenta vendidit et mi centum aureos in manu posuit. Hoc fuit peculii mei fermentum. Cito fit quod di volunt. Vno cursu centies sestertium corrotundavi. Statim redemi fundos omnes, qui patroni mei fuerant. Aedifico domum, venalicia coemo, iumenta; quicquid tangebam, crescebat tanquam favus. Postquam coepi plus habere quam tota patria mea habet, manum de tabula: sustuli me de negotiatione et coepi libertos fenerare. Et sane nolente me negotium meum agere exhortavit mathematicus, qui venerat forte in coloniam nostram, Graeculio, Serapa nomine, consiliator deorum. Hic mihi dixit etiam ea, quae oblitus eram; ab acia et acu mi omnia euit; intestinas meas noverat; tantum quod mihi non dixerat, quid pridie cenaveram. Putasses illum semper mecum habitasse.

[LXXVII] "Rogo, Habinna — puto, interfuisti —: 'Tu dominam tuam de rebus illis fecisti. Tu parum felix in amicos es. Nemo unquam tibi parem gratiam refert. Tu latifundia possides. Tu viperam sub ala nutricas' et — quid vobis non dixerim — etiam nunc mi restare vitae annos triginta et menses quattuor et dies duos. Praeterea cito accipiam hereditatem. Hoc mihi dicit fatus meus. Quod si contigerit fundos Apuliae iungere, satis vivus pervenero. Interim dum Mercurius vigilat, aedificavi hanc domum. Vt scitis, casula erat; nunc templum est. Habet quattuor cenationes, cubicula viginti, porticus marmoratos duos, susum cellationem, cubiculum in quo ipse dormio, viperae huius sessorium, ostiarii cellam perbonam; hospitium hospites capit. Ad summam, Scaurus cnm huc venit, nusquam mavoluit hospitari, et habet ad mare paternum hospitium. Et multa alia sunt, quae statim vobis ostendam. Credite, mihi: assem habeas, assem valeas; habes, habeberis. Sic amicus vester, qui fuit rana, nunc est rex. Interim, Stiche, profer vitalia, in quibus volo me efferri. Profer et unguentum et ex illa amphora gustum, ex qua iubeo lavari ossa mea."

[LXXVIII] Non est moratus Stichus, sed et stragulam albam et praetextam in triclinium attulit. <Vitalia Trimalchio accepit> iussitque nos temptare, an bonis lanis essent confecta. Tum subridens: "Vide tu, inquit, Stiche, ne ista mures tangant aut tineae; alioquin te vivum conburam. Ego gloriosus volo efferri, ut totus mihi populus bene imprecetur." Statim ampullam nardi aperuit omnesque nos unxit et: "Spero, inquit, futurum ut aeque me mortuum iuvet tanquam vivum." Nam vinum quidem in vinarium iussit infundi et: "Putate vos, ait, ad parentalia mea invitatos esse".

Ibat res ad summam nauseam, cum Trimalchio ebrietate turpissima gravis novum acroama, cornicines, in triclinium iussit adduci, fultusque cervicalibus multis extendit se super torum extremum et: "Fingite me, inquit, mortuum esse. Dicite aliquid belli." Consonuere cornicines funebri strepitu. Vnus praecipue servus libitinarii illius, qui inter hos honestissimus erat, tam valde intonuit, ut totam concitaret viciniam.

Itaque vigiles, qui custodiebant vicinam regionem, rati ardere Trimalchionis domum, effregerunt ianuam subito et cum aqua securibusque tumultuari suo iure coeperunt. Nos occasionem opportunissimam nacti Agamemnoni verba dedimus, raptimque tam plane quam ex incendio fugimus.

[LXXIX] Neque fax ulla in praesidio erat, quae iter aperiret errantibus, nec silentium noctis iam mediae promittebat occurrentium lumen. Accedebat huc ebrietas et imprudentia locorum etiam interdiu obscura. Itaque cum hora paene tota per omnes scrupos gastrarumque eminentium fragmenta traxissemus cruentos pedes, tandem expliciti acumine Gitonis sumus. Prudens enim pridie, cum luce etiam clara timeret errorem, omnes pilas columnasque notaverat creta, quae lineamenta evicerunt spississimam noctem, et notabili candore ostenderunt errantibus viam. Quamvis non minus sudoris habuimus etiam postquam ad stabulum pervenimus. Anus enim ipsa inter deversitores diutius ingurgitata ne ignem quidem admotum sensisset, et forsitan pernoctassemus in limine, ni tabellarius Trimalchionis intervenisset X vehiculis <deviis>. Non diu ergo tumultuatus stabuli ianuam effregit, et nos per eandem festram admisit. <...>

Qualis nox fuit illa, di deaeque,
quam mollis torus! Haesimus calentes
et transfudimus hinc et hinc labellis
errantes animas. Valete curae
mortales. Ego sic perire coepi.

Sine causa gratulor mihi. Nam cum solutus mero remisissem ebrias manus, Ascyltos, omnis iniuriae inventor, subduxit mihi nocte puerum et in lectum transtulit suum, volutatusque liberius cum fratre non suo, sive non sentiente iniuriam sive dissimulante, indormivit alienis amplexibus oblitus iuris humani. Itaque ego ut experrectus pertrectavi gaudio despoliatum torum, si qua est amantibus fides, ego dubitavi, an utrumque traicerem gladio somnumque morti iungerem. Tutius dein secutus consilium Gitona quidem verberibus excitavi, Ascylton autem truci intuens vultu: "Quoniam, inquam, fidem scelere violasti et communem amicitiam, res tuas ocius tolle et alium locum, quem polluas, quaere". Non repugnavit ille, sed postquam optima fide partiti manubias sumus: "Age, inquit, nunc et puerum dividamus".

[LXXX] Iocari putabam discedentem. At ille gladium parricidali manu strinxit et: "Non frueris, inquit, hac praeda super quam solus incumbis. Partem meam necesse est vel hoc gladio contemptus abscindam". Idem ego ex altera parte feci, et intorto circa brachium pallio, composui ad proeliandum gradum. Inter hanc miserorum dementiam infelicissimus puer tangebat utriusque genua cum fletu, petebatque suppliciter ne Thebanum par humilis taberna spectaret, neve sanguine mutuo pollueremus familiaritatis clarissimae sacra. "Quod si utique, proclamabat, facinore opus est, nudo ecce iugulum, convertite huc manus, imprimite mucrones. Ego mori debeo, qui amicitiae sacramentum delevi." Inhibuimus ferrum post has preces, et prior Ascyltos: "Ego, inquit, finem discordiae imponam. Puer ipse, quem vult, sequatur, ut sit illi saltem in eligendo fratre salva libertas." Ego qui vetustissimam consuetudinem putabam in sanguinis pignus transisse, nihil timui, immo condicionem praecipiti festinatione rapui, commisique iudici litem. Qui ne deliberavit quidem, ut videretur cunctatus, verum statim ab extrema parte verbi consurrexit <et> fratrem Ascylton elegit. Fulminatus hac pronuntiatione, sic ut eram, sine gladio in lectulum decidi, et attulissem mihi damnatus manus, si non inimici victoriae invidissem. Egreditur superbus cum praemio Ascyltos, et paulo ante carissimum sibi commilitonem fortunaeque etiam similitudine parem in loco peregrino destituit abiectum.

Nomen amicitiae, sic, quatenus expedit, haeret;
calculus in tabula mobile ducit opus.
Dum fortuna manet, vultum servatis, amici;
cum cecidit, turpi certitis ora fuga.
Grex agit in scaena mimum: pater ille vocatur,
filius hic, nomen divitis ille tenet.
Mox ubi ridendas inclusit pagina partes,
vera redit facies, adsimulata perit.

[LXXXI] Nec diu tamen lacrimis indulsi, sed veritus ne Menelaus etiam antescholanus inter cetera mala solum me in deversorio inveniret, collegi sarcinulas, locumque secretum et proximum litori maestus conduxi. Ibi triduo inclusus, redeunte in animum solitudine atque contemptu, verberabam aegrum planctibus pectus et inter tot altissimos gemitus frequenter etiam proclamabam: "Ergo me non ruina terra potuit haurire? Non iratum etiam innocentibus mare? Effugi iudicium, harenae imposui, hospitem occidi, ut inter audaciae nomina mendicus, exul, in deversorio Graecae urbis iacerem desertus? Et quis hanc mihi solitudinem imposuit? Adulescens omni libidine impurus et sua quoque confessione dignus exilio, stupro liber, stupro ingenuus, cuius anni ad tesseram venierunt, quem tanquam puellam conduxit etiam qui virum putavit. Quid ille alter? qui die togae virilis stolam sumpsit, qui ne vir esset a matre persuasus est, qui opus muliebre in ergastulo fecit, qui postquam conturbavit et libidinis suae solum vertit, reliquit veteris amicitiae nomen et — pro pudor! — tanquam mulier secutuleia unius noctis tactu omnia vendidit. Iacent nunc amatores obligati noctibus totis, et forsitan mutuis libidinibus attriti derident solitudinem meam. Sed non impune. Nam aut vir ego liberque non sum, aut noxio sanguine parentabo iniuriae meae."

[LXXXII] Haec locutus gladio latus cingor, et ne infirmitas militiam perderet, largioribus cibis excito vires. Mox in publicum prosilio furentisque more omnes circumeo porticus. Sed dum attonito vultu efferatoque nihil aliud quam caedem et sanguinem cogito, frequentiusque manum ad capulum, quem devoveram, refero, notavit me miles, sive ille planus fuit sive nocturnus grassator, et: "Quid tu, inquit, commilito, ex qua legione es aut cuius centuria?" Cum constantissime et centurionem et legionem essem ementitus: "Age ergo, inquit ille, in exercitu vestro phaecasiati milites ambulant?" Cum deinde vultu atque ipsa trepidatione mendacium prodidissem, ponere iussit arma et malo cavere. Despoliatus ergo, immo praecisa ultione retro ad deversorium tendo, paulatimque temeritate laxata coepi grassatoris audaciae gratias agere. <...>

Non bibit inter aquas, poma aut pendentia carpit
Tantalus infelix, quem sua vota premunt.
Divitis haec magni facies erit, omnia acervans
qui timet et sicco concoquit ore famem.
Non multum oportet consilio credere, quia suam habet fortuna rationem. <...>

[LXXXIII] In pinacothecam perveni vario genere tabularum mirabilem. Nam et Zeuxidos manus vidi nondum vetustatis iniuria victas, et Protogenis rudimenta cum ipsius naturae veritate certantia non sine quodam horrore tractavi. Jam vero Apellis quam Graeci mon(kthmon appellant, etiam adoravi. Tanta enim subtilitate extremitates imaginum erant ad similitudinem praecisae, ut crederes etiam animorum esse picturam. Hinc aquila ferebat caelo sublimis Idaeum, illinc candidus Hylas repellebat improbam Naida. Damnabat Apollo noxias manus lyramque resolutam modo nato flore honorabat. Inter quos etiam pictorum amantium vultus tanquam in solitudine exclamavi: "Ergo amor etiam deos tangit. Iuppiter in caelo suo non invenit quod diligeret, sed peccaturus in terris nemini tamen iniuriam fecit. Hylan Nympha praedata temperasset amori suo, si venturum ad interdictum Herculem credidisset. Apollo pueri umbram revocavit in florem, et omnes fabulae quoque sine aemulo habuerunt complexus. At ego in societatem recepi hospitem Lycurgo crudeliorem." Ecce autem, ego dum cum ventis litigo, intravit pinacothecam senex canus, exercitati vultus et qui videretur nescio quid magnum promittere, sed cultu non proinde speciosus, ut facile appareret eum <ex> hac nota litterat<or>um esse, quos odisse divites solent. Is ergo ad latus constitit meum.

"Ego, inquit, poeta sum et, ut spero, non humillimi spiritus, si modo coronis aliquid credendum est, quas etiam ad imperitos deferre gratia solet. 'Quare ergo, inquis, tam male vestitus es?' Propter hoc ipsum. Amor ingenii neminem unquam divitem fecit.

"Qui pelago credit, magno se fenore tollit;
qui pugnas et castra petit, praecingitur auro;
vilis adulator picto iacet ebrius ostro,
et qui sollicitat nuptas, ad praemia peccat.
Sola pruinosis horret facundia pannis,
atque inopi lingua desertas invocat artes.

[LXXXIV] "Non dubie ita est: si quis vitiorum omnium inimicus rectum iter vitae coepit insistere, primum propter morum differentiam odium habet: quis enim potest probare diversa? Deinde qui solas exstruere divitias curant, nihil volunt inter homines melius credi, quam quod ipsi tenent. Insectantur itaque, quacunque ratione possunt, litterarum amatores, ut videantur illi quoque infra pecuniam positi. <...>

"Nescio quo modo bonae mentis soror est paupertas. <...>

"Vellem, tam innocens esset frugalilatis meae hostis, ut deliniri posset. Nunc veteranus est latro et ipsis lenonibus doctior". <...>

[LXXXV] EVMOLPVS. "In Asiam cum a quaestore essem stipendio eductus, hospitium Pergami accepi. Vbi cum libenter habitarem non solum propter cultum aedicularum, sed etiam propter hospitis formosissimum filium, excogitavi rationem qua non essem patri familiae suspectus amator. Quotiescunque enim in convivio de usu formosorum mentio facta est, tam vehementer excandui, tam severa tristitia violari aures meas obsceno sermone nolui, ut me mater praecipue tanquam unum ex philosophis intueretur. Jam ego coeperam ephebum in gymnasium deducere, ego studia eius ordinare, ego docere ac praecipere, ne quis praedator corporis admitteretur in domum.

Forte cum in triclinio iaceremus, quia dies sollemnis ludum artaverat pigritiamque recedendi imposuerat hilaritas longior, fere circa mediam noctem intellexi puerum vigilare. Itaque timidissimo murmure votum feci et: "Domina, inquam, Venus, si ego hunc puerum basiavero, ita ut ille non sentiat, cras illi par columbarum donabo". Audito voluptatis pretio puer stertere coepit. Itaque aggressus simulantem aliquot basiolis invasi. Contentus hoc principio bene mane surrexi electumque par columbarum attuli expectanti ac me voto exsolvi.

[LXXXVI] Proxima nocte cum idem liceret, mutavi optionem et: "Si hunc, inquam, tractavero improba manu, et ille non senserit, gallos gallinaceos pugnacissimos duos donabo patienti". Ad hoc votum ephebus ultro se admovit et, puto, vereri coepit ne ego obdormissem. Indulsi ergo sollicito, totoque corpore citra summam voluptatem me ingurgitavi. Deinde ut dies venit, attuli gaudenti quicquid promiseram. Vt tertia nox licentiam dedit, consurrexi ad aurem male dormientis: "Dii, inquam, immortales, si ego huic dormienti abstulero coitum plenum et optabilem, pro hac felicitate cras puero asturconem Macedonicum optimum donabo, cum hac tamen exceptione, si ille non senserit". Nunquam altiore somno ephebus obdormivit. Itaque primum implevi lactentibus papillis manus, mox basio inhaesi, deinde in unum omnia vota coniunxi. Mane sedere in cubiculo coepit atque expectare consuetudinem meam. Scis quanto facilius sit columbas gallosque gallinaceos emere quam asturconem, et, praeter hoc, etiam timebam ne tam grande munus suspectam faceret humanitatem meam. Ergo aliquot horis spatiatus, in hospitium reverti nihilque aliud quam puerum basiavi. At ille circumspiciens ut cervicem meam iunxit amplexu: "Rogo, inquit, domine, ubi est asturco?"

[LXXXVII] Cum ob hanc offensam praeclusissem mihi aditum quem feceram, <mox tamen> iterum ad licentiam redii. Interpositis enim paucis diebus, cum similis casus nos in eandem fortunam rettulisset, ut intellexi stertere patrem, rogare coepi ephebum ut reverteretur in gratiam mecum, id est ut pateretur satis fieri sibi, et cetera quae libido distenta dictat. At ille plane iratus nihil aliud dicebat nisi hoc: "Aut dormi, aut ego iam dicam patri". Nihil est tam arduum, quod non improbitas extorqueat. Dum dicit: "Patrem excitabo ", irrepsi tamen et male repugnanti gaudium extorsi. At ille non indelectatus nequitia mea, postquam diu questus est deceptum se et derisum traductumque inter condiscipulos, quibus iactasset censum meum: "Videris tamen, inquit, non ero tui similis. Si quid vis, fac iterum". Ego vero deposita omni offensa cum puero in gratiam redii, ususque beneficio eius in somnum delapsus sum. Sed non fuit contentus iteratione ephebus plenae maturitatis et annis ad patiendum gestientibus. Itaque excitavit me sopitum et: "Numquid vis?" inquit. Et non plane iam molestum erat munus. Vtcunque igitur inter anhelitus sudoresque tritus, quod voluerat accepit, rursusque in somnum decidi gaudio lassus. Interposita minus hora pungere me manu coepit et dicere: "Quare non facimus?" Tum ego toties excitatus plane vehementer excandui et reddidi illi voces suas: "Aut dormi, aut ego iam patri dicam". <...>

[LXXXVIII] Erectus his sermonibus consulere prudentiorem coepi <atque ab eo> aetates tabularum et quaedam argumenta mihi obscura simulque causam desidiae praesentis excutere, cum pulcherrimae artes perissent, inter quas pictura ne minimum sui vestigium reliquisset. Tum ille: "Pecuniae, inquit, cupiditas haec tropica instituit. Priscis enim temporibus, cum adhuc nuda virtus placeret, vigebant artes ingenuae summumque certamen inter homines erat, ne quid profuturum saeculis diu lateret. Itaque herbarum omnium sucos Democritus expressit, et ne lapidum virgultorumque vis lateret, aetatem inter experimenta consumpsit Eudoxos quidem in cacumine excelsissimi montis consenuit ut astrorum caelique motus deprehenderet, et Chrysippus, ut ad inventionem sufficeret, ter elleboro animum detersit. Verum ut ad plastas convertar, Lysippum statuae unius lineamentis inhaerentem inopia extinxit, et Myron, qui paene animas hominum ferarumque aere comprehenderat, non invenit heredem. At nos vino scortisque demersi ne paratas quidem artes audemus cognoscere, sed accusatores antiquitatis vitia tantum docemus et discimus. Vbi est dialectica? ubi astronomia? ubi sapientiae cultissima via? Quis unquam venit in templum et votum fecit, si ad eloquentiam pervenisset? quis, si philosophiae fontem attigisset? Ac ne bonam quidem mentem aut bonam valitudinem petunt, sed statim antequam limen Capitolii tangant, alius donum promittit, si propinquum divitem extulerit, alius, si thesaurum effoderit, alius, si ad trecenties sestertium salvus pervenerit. Ipse senatus, recti bonique praeceptor, mille pondo auri Capitolio promittere solet, et ne quis dubitet pecuniam concupiscere, Iovem quoque peculio exorat. Noli ergo mirari, si pictura defecit, cum omnibus dis hominibusque formosior videatur massa auri, quam quicquid Apelles Phidiasque, Graeculi delirantes, fecerunt.

[LXXXIX] Sed video te totum in illa haerere tabula, quae Troiae halosin ostendit. Itaque conabor opus versibus pandere:

Iam decuma maestos inter ancipites metus
Phrygas obsidebat messis, et vatis fides
Calchantis atro dubia pendebat metu,
cum Delio profante caesi vertices
Idae trahuntur, scissaque in molem cadunt
robora, minacem quae figurarent equum.
Aperitur ingens antrum et obducti specus,
qui castra caperent. Huc decenni proelio
irata virtus abditur, stipant graves
recessus Danai et in voto latent.
O patria, pulsas mille credidimus rates
solumque bello liberum: hoc titulus fero
incisus, hoc ad fata compositus Sinon
firmabat et mendacium in damnum potens.
Iam turba portis libera ac bello carens
in vota properat. Fletibus manant genae,
mentisque pavidae gaudium lacrimas habet.
Quas metus abegit. Namque Neptuno sacer
crinem solutus omne Laocoon replet
clamore vulgus. Mox reducta cuspide
uterum notavit, fata sed tardant manus,
ictusque resilit et dolis addit fidem.
Iterum tamen confirmat invalidam manum
altaque bipenni latera pertemptat. Fremit
captiva pubes intus, et dum murmurat,
roborea moles spirat alieno metu.
Ibat iuventus capta, dum Troiam capit,
bellumque totum fraude ducebat nova.
Ecce alia monstra: celsa qua Tenedos mare
dorso replevit, tumida consurgunt freta
undaque resultat scissa tranquillo minor,
qualis silenti nocte remorum sonus
longe refertur, cum premunt classes mare

pulsumque marmor abiete imposita gemit.
Respicimus: angues orbibus geminis ferunt
ad saxa fluctus, tumida quorum pectora
rates ut altae lateribus spumas agunt.
Dat cauda sonitum, liberae ponto iubae
consentiunt luminibus, fulmineum iubar
incendit aequor sibilisque undae tremunt.
Stupuere mentes. Infulis stabant sacri
Phrygioque cultu gemina nati pignora
Lauconte. Quos repente tergoribus ligant
angues corusci. Parvulas illi manus
ad ora referunt, neuter auxilio sibi,
uterque fratri; transtulit pietas vices
morsque ipsa miseros mutuo perdit metu.
Accumulat ecce liberum funus parens,
infirmus auxiliator. Invadunt virum
iam morte pasti membraque ad terram trahunt.
Iacet sacerdos inter aras victima
terramque plangit. Sic profanatis sacris
peritura Troia perdidit primum deos.
Iam plena Phoebe candidum extulerat iubar
minora ducens astra radianti face,
cum inter sepultos Priamidas nocte et mero
Danai relaxant claustra et effundunt viros.
Temptant in armis se duces, ceu ubi solet
nodo remissus Thessali quadrupes iugi
cervicem et altas quatere ad excursum iubas.
Gladios retractant, commovent orbes manu
bellumque sumunt. Hic graves alius mero
obtruncat, et continuat in mortem ultimam
somnos; ab aris alius accendit faces
contraque Troas invocat Troiae sacra."

[XC] Ex is, qui in porticibus spatiabantur, lapides in Eumolpum recitantem miserunt. At ille, qui plausum ingenii sui noverat, operuit caput extraque templum profugit. Timui ego, ne me poetam vocaret. Itaque subsecutus fugientem ad litus perveni, et ut primum extra teli coniectum licuit consistere: "Rogo, inquam, quid tibi vis cum isto morbo? Minus quam duabus horis mecum moraris, et saepius poetice quam humane locutus es. Itaque non miror, si te populus lapidibus persequitur. Ego quoque sinum meum saxis onerabo ut, quotiescunque coeperis a te exire, sanguinem tibi a capite mittam". Movit ille vultum et: "O mi, inquit, adulescens, non hodie primum auspicatus sum. Immo quoties theatrum, ut recitarem aliquid, intravi, hac me adventicia excipere frequentia solet. Ceterum ne et tecum quoque habeam rixandum, toto die me ab hoc cibo abstinebo. — Immo, inquam ego, si eiuras hodiernam bilem, una cenabimus."

Mando aedicularum custodi cenulae officium. <...>

[XCI] Video Gitona cum linteis et strigilibus parieti applicitum tristem confusumque. Scires non libenter servire. Itaque ut experimentum oculorum caperem. <...> Convertit ille solutum gaudio vultum et: "Miserere, inquit, frater. Vbi arma non sunt, libere loquor. Eripe me latroni cruento et qualibet saevitia paenitentiam iudicis tui puni. Satis magnum erit misero solacium tua voluntate cecidisse". Supprimere ego querelam iubeo, ne quis consilia deprehenderet, relictoque Eumolpo — nam in balneo carmen recitabat — per tenebrosum et sordidum egressum extraho Gitona raptimque in hospitium meum pervolo. Praeclusis deinde foribus invado pectus amplexibus, et perfusum os lacrumis vultu meo contero. Diu vocem neuter invenit; nam puer etiam singultibus crebris amabile pectus quassaverat. "O facinus, inquam, indignum, quod amo te quamvis relictus, et in hoc pectore, cum vulnus ingens fuerit, cicatrix non est. Quid dicis, peregrini amoris concessio? Dignus hac iniuria fui?" Postquam se amari sensit, supercilium altius sustulit. <...>

"Nec amoris arbitrium ad alium iudicem tuli. Sed nihil iam queror, nihil iam memini, si bona fide paenitentiam emendas". Haec cum inter gemitus lacrimasque fudissem, detersit ille pallio vultum et: "Quaeso, inquit, Encolpi, fidem memoriae tuae appello: ego te reliqui, an tu me prodidisti? Equidem fateor et prae me fero: cum duos armatos viderem, ad fortiorem confugi". Exosculatus pectus sapientia plenum inieci cervicibus manus, et ut facile intellegeret redisse me in gratiam et optima fide reviviscentem amicitiam, toto pectore adstrinxi.

[XCII] Et iam plena nox erat mulierque cenae mandata curaverat, cum Eumolpus ostium pulsat. Interrogo ego: "Quot estis?" obiterque per rimam foris speculari diligentissime coepi, num Ascyltos una venisset. Deinde ut solum hospitem vidi, momento recepi. Ille ut se in grabatum reiecit viditque Gitona in conspectu ministrantem, movit caput et: "Laudo, inquit, Ganymedem. Oportet hodie bene sit". Non delectavit me tam curiosum principium, timuique ne in contubernium recepissem Ascylti parem. Instat Eumolpus, et cum puer illi potionem dedisset: "Malo te, inquit, quam balneum totum " siccatoque avide poculo negat sibi unquam acidius fuisse." Nam et dum lavor, ait, paene vapulavi, quia conatus sum circa solium sedentibus carmen recitare; et postquam de balneo tanquam de theatro eiectus sum, circuire omnes angulos coepi et clara voce Encolpion clamitare. Ex altera parte iuvenis nudus, qui vestimenta perdiderat, non minore clamoris indignatione Gitona flagitabat. Et me quidem pueri tanquam insanum imitatione petulantissima deriserunt, illum autem frequentia ingens circumvenit cum plausu et admiratione timidissima. Habebat enim inguinum pondus tam grande, ut ipsum hominem laciniam fascini crederes. O iuvenem laboriosum! puto illum pridie incipere, postero die finire. Itaque statim invenit auxilium; nescio quis enim, eques Romanus, ut aiebant, infamis, sua veste errantem circumdedit ac domum abduxit, credo, ut tam magna fortuna solus uteretur. At ego ne mea quidem vestimenta ab officioso recepissem, nisi notorem dedissem. Tanto magis expedit inguina quam ingenia fricare". Haec Eumolpo dicente mutabam ego frequentissime vultum, iniuriis scilicet inimici mei hilaris, commodis tristis. Vtcunque tamen, tanquam non agnoscerem fabulam, tacui et cenae ordinem explicui. <...>

[XCIII] "Vile est, quod licet, et animus errore lentus iniurias diligit.
Ales Phasiacis petita Colchis
atque Afrae volucres placent palato,
quod non sunt faciles: at albus anser
et pictis anas renovata pennis
plebeium sapit. Vltimis ab oris
attractus scarus atque arata Syrtis
si quid naufragio dedit, probatur:
mulus iam gravis est. Amica vincit
uxorem. Rosa cinnamum veretur.
Quicquid quaeritur, optimum videtur."

— Hoc est, inquam, quod promiseras, ne quem hodie versum faceres? Per fidem, saltem nobis parce, qui te nunquam lapidavimus. Nam si aliquis ex is, qui in eodem synoecio potant, nomen poetae olfecerit, totam concitabit viciniam et nos omnes sub eadem causa obruet. Miserere et aut pinacothecam aut balneum cogita." Sic me loquentem obiurgavit Giton, mitissimus puer, et negavit recte facere, quod seniori conviciarer simulque oblitus officii mensam, quam humanitate posuissem, contumelia tollerem, multaque alia moderationis verecundiaeque verba, quae formam eius egregie decebant. <...>

[XCIV] EVMOLPVS AD GITONEM. "O felicem, inquit, matrem tuam, quae te talem peperit: macte virtute esto. Raram fecit mixturam cum sapientia forma. Itaque ne putes te tot verba perdidisse, amatorem invenisti. Ego laudes tuas carminibus implebo. Ego paedagogus et custos, etiam quo non iusseris, sequar. Nec iniuriam Encolpius accipit: alium amat." Profuit etiam Eumolpo miles ille, qui mihi abstulit gladium; alioquin quem animum adversus Ascylton sumpseram, eum in Eumolpi sanguinem exercuissem. Nec fefellit hoc Gitona.

Itaque extra cellam processit, tanquam aquam peteret, iramque meam prudenti absentia extinxit. Paululum ergo intepescente saevitia: "Eumolpe, inquam, iam malo vel carminibus loquaris, quam eiusmodi tibi vota proponas. Et ego iracundus sum, et tu libidinosus: vide, quam non conveniat his moribus. Puta igitur me furiosum esse, cede insaniae, id est, ocius foras exi". Confusus hac denuntiatione Eumolpus non quaesiit iracundiae causam, sed continuo limen egressus adduxit repente ostium cellae, meque nihil tale expectantem inclusit, exemitque raptim clavem et ad Gitona investigandum cucurrit.

Inclusus ego suspendio vitam finire constitui. Et iam semicinctium stanti ad parietem spondae iunxeram cervicesque nodo condebam, cum reseratis foribus intrat Eumolpus cum Gitone meque a fatali iam meta revocat ad lucem. Giton praecipue ex dolore in rabiem efferatus tollit clamorem, me utraque manu impulsum praecipitat super lectum: "Erras, inquit, Encolpi, si putas contingere posse, ut ante moriaris. Prior coepi; in Ascylti hospitio gladium quaesivi. Ego si te non invenissem, periturus per praecipitia fui. Et ut scias non longe esse quaerentibus mortem, specta invicem quod me spectare voluisti". Haec locutus mercennario Eumolpi novaculam rapit, et semel iterumque cervice percussa ante pedes collabitur nostros. Exclamo ego attonitus, secutusque labentem eodem ferramento ad mortem viam quaero. Sed neque Giton ulla erat suspicione vulneris laesus, neque ego ullum sentiebam dolorem. Rudis enim novacula et in hoc retusa, ut pueris discentibus audaciam tonsoris daret, instruxerat thecam. Ideoque nec mercennarius ad raptum ferramentum expaverat, nec Eumolpus interpellaverat mimicam mortem.

[XCV] Dum haec fabula inter amantes luditur, deversitor cum parte cenulae intervenit, contemplatusque foedissimam volutationem iacentium: "Rogo, inquit, ebrii estis, an fugitivi, an utrumque? Quis autem grabatum illum erexit, aut quid sibi vult tam furtiva molitio? Vos mehercules ne mercedem cellae daretis, fugere nocte in publicum voluistis. Sed non impune. Iam enim faxo sciatis non viduae hanc insulam esse sed Marci Mannicii". Exclamat Eumolpus: "Etiam minaris?"; simulque os hominis palma excussissima pulsat. Ille tot hospitum potionibus liber urceolum fictilem in Eumolpi caput iaculatus est, soluitque clamantis frontem, et de cella se proripuit, Eumolpus contumeliae impatiens rapit ligneum candelabrum, sequiturque abeuntem, et creberrimis ictibus supercilium suum vindicat. Fit concursus familiae hospitumque ebriorum frequentia. Ego autem nactus occasionem vindictae Eumolpum excludo, redditaque scordalo vice sine aemulo scilicet et cella utor et nocte.

Interim coctores insulariique mulcant exclusum, et alius veru extis stridentibus plenum in oculos eius intentat, alius furca de carnario rapta statum proeliantis componit. Anus praecipue lippa, sordidissimo praecincta linteo, soleis ligneis imparibus imposita, canem ingentis magnitudinis catena trahit instigatque in Eumolpon. Sed ille candelabro se ab omni periculo vindicabat.

[XCVI] Videbamus nos omnia per foramen valvae, quod paulo ante ansa ostioli rupta laxaverat, favebamque ego vapulanti. Giton autem non oblitus misericordiae suae reserandum esse ostium succurrendumque periclitanti censebat. Ego durante adhuc iracundia non continui manum, sed caput miserantis stricto acutoque articulo percussi. Et ille quidem flens consedit in lecto. Ego autem alternos opponebam foramini oculos iniuriaque Eumolpi velut quodam cibo me replebam advocationemque commendabam, cum procurator insulae Bargates a cena excitatus a duobus lecticariis mediam rixam perfertur; nam erat etiam pedibus aeger. Is ut rabiosa barbaraque voce in ebrios fugitivosque diu peroravit, respiciens ad Eumolpon: "O poetarum, inquit, disertissime, tu eras? Et non discedunt ocius nequissimi servi manusque continent a rixa?" <...>

BARGATES PROCVRATOR AD EVMOLPVM: "Contubernalis mea mihi fastum facit. Ita, si me amas, maledic illam versibus, ut habeat pudorem".

[XCVII] Dum Eumolpus cum Bargate in secreto loquitur, intrat stabulum praeco cum servo publico aliaque sane modica frequentia; facemque tumosam magis quam lucidam quassans haec proclamavit: "Puer in balneo paulo ante aberravit, annorum circa XVI, crispus, mollis, formosus, nomine Giton. Si quis eum reddere aut commonstrare voluerit, accipiet nummos mille". Nec longe a praecone Ascyltos stabat amictus discoloria veste, atque in lance argentea indicium et fidem praeferebat. Imperavi Gitoni ut raptim grabatum subiret annecteretque pedes et manus institis, quibus sponda culcitam ferebat, ac sic ut olim Vlixes pro arieti adhaesisset, extentus infra grabatum scrutantium eluderet manus. Non est moratus Giton imperium, momentoque temporis inseruit vinculo manus et Vlixem astu simillimo vicit. Ego ne suspicioni relinquerem locum, lectulum vestimentis implevi uniusque hominis vestigium ad corporis mei mensuram figuravi.

Interim Ascyltos ut pererravit omnes cum viatore cellas, venit ad meam, et hoc quidem pleniorem spem concepit, quo diligentius oppessulatas invenit fores. Publicus vero servus insertans commissuris secures claustrorum firmitatem laxavit. Ego ad genua Ascylti procubui, et per memoriam amicitiae perque societatem miseriarum petii, ut saltem ostenderet fratrem. Immo ut fidem haberent fictae preces: "Scio te, inquam, Ascylte, ad occidendum me venisse. Quo enim secures attulisti? Itaque satia iracundiam tuam: praebeo ecce cervicem, funde sanguinem, quem sub praetextu quaestionis petisti". Amolitur Ascyltos invidiam et se vero nihil aliud quam fugitivum suum dicit quaerere, mortem nec hominis concupisse nec supplicis, utique eius quem post fatalem rixam habuit carissimum.

[XCVIII] At non servus publicus tam languide agit, sed raptam cauponi harundinem subter lectum mittit, omniaque etiam foramina parietum scrutatur. Subducebat Giton ab ictu corpus, et reducto timidissime spiritu ipsos sciniphes ore tangebat. <...>

Eumolpus autem, quia effractum ostium cellae neminem poterat excludere, irrumpit perturbatus et: "Mille, inquit, nummos inveni; iam enim persequar abeuntem praeconem, et in potestate tua esse Gitonem meritissima proditione monstrabo". Genua ego perseverantis amplector, ne morientes vellet occidere, et: "Merito, inquam, excandesceres si posses proditum ostendere. Nunc inter turbam puer fugit, nec quo abierit suspicari possum. Per fidem, Eumolpe, reduc puerum et vel Ascylto redde". Dum haec ego iam credenti persuadeo, Giton collectione spiritus plenus ter continuo ita sternutavit, ut grabatum concuteret. Ad quem motum Eumolpus conversus salvere Gitona iubet. Remota etiam culcita videt Vlixem, cui vel esuriens Cyclops potuisset parcere. Mox conversus ad me: "Quid est, inquit, latro? Ne deprehensus quidem ausus es mihi verum dicere. Immo ni deus quidam humanarum rerum arbiter pendenti puero excussisset indicium, elusus circa popinas errarem."

Giton longe blandior quam ego, primum araneis oleo madentibus vulnus, quod in supercilio factum erat, coartavit. Mox palliolo suo laceratam mutavit vestem, amplexusque iam mitigatum, osculis tanquam fomentis aggressus est et: "In tua, inquit, pater carissime, in tua sumus custodia. Si Gitona tuum amas, incipe velle servare. Vtinam me solum inimicus ignis hauriret aut hibernum invaderet mare. Ego enim omnium scelerum materia, ego causa sum. Si perirem, conveniret inimicis." <...>

[XCIX] EVMOLPVS: "Ego sic semper et ubique vixi, ut ultimam quamque lucem tanquam non redituram consumerem". <...>

Profusis ego lacrimis rogo quaesoque, ut mecum quoque redeat in gratiam: neque enim in amantium esse potestate furiosam aemulationem. Daturum tamen operam ne aut

75

dicam aut faciam amplius, quo possit offendi. Tantum omnem scabitudinem animo tanquam bonarum artium magister deleret sine cicatrice." Incultis asperisque regionibus diutius nives haerent, ast ubi aratro domefacta tellus nitet, dum loqueris, levis pruina dilabitur. Similiter in pectoribus ira considit: feras quidem mentes obsidet, eruditas praelabitur. — Vt scias, inquit Eumolpus, verum esse quod dicis, ecce etiam osculo iram finio. Itaque, quod bene eveniat, expedite sarcinulas et vel sequimini me vel, si mavultis, ducite". Adhuc loquebatur, cum crepuit ostium impulsum, stetitque in limine barbis horrentibus nauta et: "Moraris, inquit, Eumolpe, tanquam properandum ignores". Haud mora, omnes consurgimus, et Eumolpus quidem mercennarium suum iam olim dormientem exire cum sarcinis iubet. Ego cum Gitone quicquid erat in alutam compono, et adoratis sideribus intro navigium. <...>

[C] "Molestum est quod puer hospiti placet. Quid autem? Non commune est, quod natura optimum fecit? Sol omnibus lucet. Luna innumerabilibus comitata sideribus etiam feras ducit ad pabulum. Quid aquis dici formosius potest? In publico tamen manant. Solus ergo amor furtum potius quam praemium erit? Immo vero nolo habere bona, nisi quibus populus inviderit. Vnus, et senex, non erit gravis; etiam cum voluerit aliquid sumere, opus anhelilu prodet". Haec ut intra fiduciam posui fraudavique animum dissidentem, coepi somnum obruto tunicula capite mentiri.

Sed repente quasi destruente fortuna constantiam meam eiusmodi vox supra constratum puppis congemuit: "Ergo me derisit?" Et haec quidem virilis et paene auribus meis familiaris animum palpitantem percussit. Ceterum eadem indignatione mulier lacerata ulterius excanduit et: "Si quis deus manibus meis, inquit, Gitona imponeret, quam bene exulem exciperem." Vterque nostrum tam inexpectato ictus sono amiserat sanguinem. Ego praecipue quasi somnio quodam turbulento circumactus diu vocem collegi, tremebundisque manibus Eumolpi iam in soporem labentis laciniam duxi, et: "Per fidem, inquam, pater, cuius haec navis est, aut quos vehat, dicere potes?" Inquietatus ille moleste tulit et: "Hoc erat, inquit, quod placuerat tibi, ut super constratum navis occuparemus secretissimum locum, ne nos patereris requiescere? Quid porro ad rem pertinet, si dixero Licham Tarentinum esse dominum huiusce navigii, qui Tryphaenam exulem Tarentum ferat?"

[CI] Intremui post hoc fulmen attonitus, iuguloque detecto: "Aliquando, inquam, totum me, Fortuna, vicisti!". Nam Giton quidem super pectus meum positus diu animam egit. Deinde ut effusus sudor utriusque spiritum revocavit, comprehendi Eumolpi genua et: "Miserere, inquam, morientium et pro consortio studiorum commoda manum; mors venit, quae nisi per te non licet potest esse pro munere". Inundatus hac Eumolpus invidia iurat per deos deasque se neque scire quid acciderit, nec ullum dolum malum consilio adhibuisse, sed mente simplicissima et vera fide in navigium comites induxisse, quo ipse iam pridem fuerit usurus." Quae autem hic insidiae sunt, inquit, aut quis nobiscum Hannibal navigat? Lichas Tarentinus, homo verecundissimus et non tantum huius navigii dominus, quod regit, sed fundorum etiam aliquot et familiae negotiantis, onus deferendum ad mercatum conducit. Hic est Cyclops ille et archipirata, cui vecturam debemus; et praeter hunc Tryphaena, omnium feminarum formosissima, quae voluptatis causa huc atque illuc vectatur. — Hi sunt, inquit Giton, quos fugimus "; simulque raptim causas odiorum et instans periculum trepidanti Eumolpo exponit. Confusus ille et consilii egens iubet quemque suam sententiam promere, et: "Fingite, inquit, nos antrum Cyclopis intrasse. Quaerendum est aliquod effugium, nisi naufragium ponimus et omni nos periculo liberamus. — Immo, inquit Giton, persuade gubernatori ut in aliquem portum navem deducat, non sine praemio scilicet, et affirma ei impatientem maris fratrem tuum in ultimis esse. Poteris hanc simulationem et vultus confusione et lacrimis obumbrare, ut misericordia permotus gubernator indulgeat tibi". Negavit hoc Eumolpus fieri posse, "quia magna, inquit, navigia portubus se curvatis insinuant, nec tam cito fratrem defecisse veri simile erit. Accedit his, quod forsitan Lichas officii causa visere languentem desiderabit. Vides, quam valde nobis expediat ultro dominum ad fugientes accersere. Sed finge navem ab ingenti posse cursu deflecti, et Licham non utique circuiturum aegrorum cubilia: quomodo possumus egredi nave, ut non conspiciamur a cunctis? opertis capitibus, an nudis? Opertis, et quis non dare manum languentibus volet? Nudis, et quid erit aliud quam se ipsos proscribere?

[CII] — Quin potius, inquam ego, ad temeritatem confugimus, et per funem lapsi descendimus in scapham, praecisoque vinculo reliqua Fortunae committimus? Nec ego in hoc periculum Eumolpon arcesso. Quid enim attinet innocentem alieno periculo imponere? Contentus sum, si nos descendentes adiuverit casus. — Non imprudens, inquit, consilium, Eumolpos, si aditum haberet. Quis enim non euntes notabit? Vtique gubernator, qui pervigil nocte siderum quoque motus custodit. Et utcumque imponi vel dormienti posset, si per aliam partem navis fuga quaereretur: nunc per puppim, per ipsa gubernacula delabendum est, a quorum regione funis descendit, qui scaphae custodiam tenet. Praeterea illud miror, Encolpi, tibi non succurrisse, unum nautam stationis perpetuae interdiu noctuque iacere in scapha, nec posse inde custodem nisi aut caede expelli aut praecipitari viribus. Quod an fieri possit, interrogate audaciam vestram. Nam quod ad meum quidem comitatum attinet, nullum recuso periculum, quod salutis spem ostendit. Nam sine causa spiritum tanquam rem vacuam impendere ne vos quidem existimo velle. Videte, numquid hoc placeat: ego vos in duas iam pelles coniciam vinctosque loris inter vestimenta pro sarcinis habebo, apertis scilicet aliquatenus labris, quibus et spiritum recipere possitis et cibum. Conclamabo deinde nocte servos poenam graviorem timentes praecipitasse se in mare. Deinde cum ventum fuerit in portum, sine ulla suspicione pro sarcinis vos efferam. — Ita vero, inquam ego, tanquam solidos alligaturus, quibus non soleat venter iniuriam facere? an tanquam eos qui sternutare non soleamus nec stertere? An quia hoc genus furti semel <Menelao> feliciter cessit? Sed finge una die vinctos posse durare: quid ergo, si diutius aut tranquillitas nos tenuerit aut adversa tempestas? quid facturi sumus? Vestes quoque diutius vinctas ruga consumit, et chartae alligatae mutant figuram. Iuvenes adhuc laboris expertes statuarum ritu patiemur pannos et vincla? <. . .> Adhuc aliquod iter salutis quaerendum est. Inspicite quod ego inveni. Eumolpus tanquam litterarum studiosus utique atramentum habet. Hoc ergo remedio mutemus colores a capillis usque ad ungues. Ita tanquam servi Aethiopes et praesto tibi erimus sine tormentorum iniuria hilares, et permutato colore imponemus inimicis. — Quidni? inquit Giton, etiam circumcide nos, ut Iudaei videamur, et pertunde aures, ut imitemur Arabes, et increta facies, ut suos Gallia cives putet: tanquam hic solus color figuram possit pervertere et non multa una oporteat consentiant ratione, <ut> mendacium constet. Puta infectam medicamine faciem diutius durare posse; finge nec aquae asperginem impositiuram aliquam corpori maculam, nec vestem atramento adhaesuram, quod frequenter etiam non arcessito ferrumine infigitur: age, numquid et labra possumus tumore taeterrimo implere numquid et crines calamistro convertere? Numquid et frontes cicatricibus scindere? Numquid et crura in orbem pandere? Numquid et talos ad terram deducere? numquid et barbam peregrina ratione figurare? Color arte compositus inquinat corpus, non mutat. Audite, quid dementi succurrerit: praeligemus vestibus capita et nos in profundum mergamus.

[CIII] — Ne istud dii hominesque patiantur, Eumolpus exclamat, ut vos tam turpi exitu vitam finiatis! Immo potius facite quod iubeo. Mercennarius meus, ut ex novacula comperistis, tonsor est: hic continuo radat utriusque non solum capita, sed etiam supercilia. Sequar ego frontes notans inscriptione sollerti, ut videamini stigmate esse puniti. Ita eaedem litterae et suspicionem declinabunt quaerentium et vultus umbra supplicii tegent."

Non est dilata fallacia, sed ad latus navigii furtim processimus, capitaque cum superciliis denudanda tonsori praebuimus. Implevit Eumolpus frontes utriusque ingentibus litteris, et notum fugitivorum epigramma per totam faciem liberali manu duxit. Vnus forte ex vectoribus, qui acclinatus lateri navis exonerabat stomachum nausea gravem, notavit sibi ad lunam tonsorem intempestivo inhaerentem ministerio, execratusque omen, quod imitaretur naufragorum ultimum votum, in cubile reiectus est. Nos dissimulata nauseantis devotione ad ordinem tristitiae redimus, silentioque compositi reliquas noctis horas male soporati consumpsimus. <...>

[CIV] LICHAS: "Videbatur mihi secundum quietem Priapus dicere: Encolpion quod quaeris, scito a me in navem tuam esse perductum". Exhorruit Tryphaena et: "Putes, inquit, una nos dormisse; nam et mihi simulacrum Neptuni, quod Bais tetrastylo notaveram, videbatur dicere: 'In nave Lichae Gitona invenies'. — Hinc scies, inquit Eumolpus, Epicurum esse hominem divinum, qui eiusmodi ludibria facetissima ratione condemnat".

Ceterum Lichas ut Tryphaenae somnium expiavit: "Quis, inquit, prohibet navigium scrutari, ne videamur divinae mentis opera damnare?" Is qui nocte miserorum furtum deprehenderat, Hesus nomine, subito proclamat: "Ergo illi qui sunt, qui nocte ad lunam radebantur pessimo medius fidius exemplo? Audio enim non licere cuiquam mortalium in nave neque ungues neque capillos deponere, nisi cum pelago ventus irascitur".

[CV] Excanduit Lichas hoc sermone turbatus et: "Itane, inquit, capillos aliquis in nave praecidit, et hoc nocte intempesta? Attrahite ocius nocentes in medium, ut sciam quorum capitibus debeat navigium lustrari. — Ego, inquit Eumolpus, hoc iussi. Nec in eodem futurus navigio auspicium mihi feci, sed quia nocentes horridos longosque habebant capillos, ne viderer de nave carcerem facere, iussi squalorem damnatis auferri; simul ut notae quoque litterarum non adumbratae comarum praesidio totae ad oculos legentium acciderent. Inter cetera apud communem amicam consumpserunt pecuniam meam, a qua illos proxima nocte extraxi mero unguentisque perfusos. Ad summam, adhuc patrimonii mei reliquias olent".

Itaque ut Tutela navis expiaretur, placuit quadragenas utrique plagas imponi. Nulla ergo fit mora: aggrediuntur nos furentes nautae cum funibus, temptantque vilissimo sanguine Tutelam placare. Et ego quidem tres plagas Spartana nobilitate concuxi. Ceterum Giton semel ictus tam valde exclamavit, ut Tryphaenae aures notissima voce repleret. Non solum era turbata est, sed ancillae etiam omnes familiari sono inductae ad vapulantem decurrurit. Iam Giton mirabili forma exarmaverat nautas coeperatque etiam sine voce saevientes rogare, cum ancillae pariter proclamant: "Giton est, Giton; inhibete crudelissimas manus; Giton est, domina, succurre". Deflectit aures Tryphaena iam sua sponte credentes raptimque ad puerum devolat.

Lichas, qui me optime noverat, tanquam et ipse vocem audisset, accurrit et nec manus nec faciem meam consideravit, sed continuo ad inguina mea luminibus deflexis movit officiosam manum, et: "Salve, inquit Encolpi". Miretur nunc aliquis Vlixis nutricem post vicesimum annum cicatricem invenisse originis indicem, cum homo prudentissimus, confusis omnibus corporis orisque lineamentis, ad unicum fugitivi argumentum tam docte pervenerit. Tryphaena lacrimas effudit decepta supplicio —

vera enim stigmata credebat captivorum frontibus impressa — sciscitarique summissius coepit quod ergastulum intercepisset errantes, aut cuius iam crudeles manus in hoc supplicium durassent. Meruisse quidem contumeliam aliquam fugitivos, quibus in odium bona sua venissent <...>

[CVI] Concitatus iracundia prosiliit Lichas, et: "O te, inquit, feminam simplicem, tanquam vulnera ferro praeparata litteras biberint. Vtinam quidem hac se inscriptione frontis maculassent: haberemus nos extremum solacium. Nunc mimicis artibus petiti sumus et adumbrata inscriptione derisi". Volebat Tryphaena misereri, quia non totam voluptatem perdiderat, sed Lichas memor adhuc uxoris corruptae contumeliarumque, quas in Herculis porticu acceperat, turbato vehementius vultu proclamat: "Deos immortales rerum humanarum agere curam, puto, intellexisti, o Tryphaena. Nam imprudentes noxios in nostrum induxere navigium, et quid fecissent, admonuerunt pari somniorum consensu. Ita vide ut possit illis ignosci, quos ad poenam ipse deus deduxit. Quod ad me attinet, non sum crudelis, sed vereor ne, quod remisero, patiar." Tam superstitiosa oratione Tryphaena mutata negat se interpellare supplicium, immo accedere etiam iustissimae ultioni. Nec se minus grandi vexatam iniuria quam Licham, cuius pudoris dignitas in contione proscripta sit. <...>

[CVII] EVMOLPVS: "Me, ut puto, hominem non ignotum elegerunt ad hoc officium legatum, petieruntque ut se reconciliarem aliquando amicissimis. Nisi forte putatis iuvenes casu in has plagas incidisse, cum omnis vector nihil prius quaerat, quam cuius se diligentiae credat. Flectite ergo mentes satisfactione lenitas, et patimini liberos homines ire sine iniuria quo destinant. Saevi quoque implacabilesque domini crudelitatem suam impediunt, si quando paenitentia fugitivos reduxit, et dediticiis hostibus parcimus. Quid ultra petitis aut quid vultis? In conspectu vestro supplices iacent iuvenes ingenui, honesti, et quod utroque potentius est, familiaritate vobis aliquando coniuncti. Si mehercules intervertissent pecuniam vestram, si fidem proditione laesissent, satiari tamen potuissetis hac poena, quam videtis. Servitia ecce in frontibus cernitis et vultus ingenuos voluntaria poenarum lege proscriptos." Interpellavit deprecationem supplicis Lichas et: "Noli, inquit, causam confundere, sed impone singulis modum. Ac primum omnium, si ultro venerunt, cur nudavere crinibus capita? Vultum enim qui permutat, fraudem parat, non satisfactionem. Deinde, si gratiam a legato moliebantur, quid ita omnia fecisti, ut quos tuebaris absconderes? Ex quo apparet casu incidisse noxios in plagas, et te artem quaesisse qua nostrae animadversionis impetum eluderes. Nam quod invidiam facis nobis ingenuos honestosque clamando, vide ne deteriorem facias confidentia causam. Quid debent laesi facere, ubi rei ad poenam confugiunt. At enim amici fuerunt nostri: eo maiora meruerunt supplicia; nam qui ignotos laedit, latro appellatur, qui amicos, paulo minus quam parricida." Resolvit Eumolpos tam iniquam declamationem et: "Intellego, inquit, nihil magis obesse iuvenibus miseris, quam quod nocte deposuerunt capillos: hoc argumento incidisse videntur in navem, non venisse. Quod velim tam candide ad aures vestras perveniat, quam simpliciter gestum est. Voluerunt enim, antequam conscenderent, exonerare capita molesto et supervacuo pondere, sed celerior ventus distulit curationis propositum. Nec tamen putaverunt ad rem pertinere, ubi inciperent quod placuerat ut fieret, quia nec omen nec legem navigantium noverant. — Quid, inquit Lichas, attinuit supplices radere? Nisi forte miserabiliores calvi solent esse. Quamquam quid attinet veritatem per interpretem quaerere? Quid dicis tu, latro? Quae salamandra supercilia tua excussit? Cui deo crinem vovisti? Pharmace, responde."

[CVIII] Obstupueram ego supplicii metu pavidus, nec qui in re manifestissima dicerem inveniebam, turbatus <. . .> et deformis praeter spoliati capitis dedecus superciliorum etiam aequalis cum fronte calvities, ut nihil nec facere deceret nec dicere. Vt vero spongia uda facies plorantis detersa est, et liquefactum per totum os atramentum omnia scilicet lineamenta fuliginea nube confudit, in odium se ira convertit. Negat Eumolpus passurum se ut quisquam ingenuos contra fas legemque contaminet, interpellatque saevientium minas non solum voce sed etiam manibus. Aderat interpellanti mercennarius comes et unus alterque infirmissimus vector, solacia magis litis quam virium auxilia. Nec quicquam pro me deprecabar, sed intentans in oculos Tryphaenae manus usurum me viribus meis clara liberaque voce clamavi, ni abstineret a Gitone iniuriam mulier damnata et in toto navigio sola verberanda. Accenditur audacia mea iratior Lichas, indignaturque quod ego relicta mea causa tantum pro alio clamo. Nec minus Tryphaena contumelia saevit accensa, totiusque navigii turbam diducit in partes. Hinc mercennarius tonsor ferramenta sua nobis et ipse armatus distribuit, illinc Tryphaenae familia nudas expedit manus, ac ne ancillarum quidem clamor aciem destituit, uno tantum gubernatore relicturum se navis ministerium denuntiante, si non desinat rabies libidine perditorum collecta. Nihilo minus tamen perseverat dimicantium furor, illis pro ultione, nobis pro vita pugnantibus. Multi ergo utrinque sine morte labuntur, plures cruenti vulneribus referunt veluti ex proelio pedem, nec tamen cuiusquam ira laxatur. Tunc fortissimus Giton ad virilia sua admovit novaculam infestam, minatus se adbscissurum tot miseriarum causam, inhibuitque Tryphaena tam grande facinus non dissimulata missione. Saepius ego cultrum tonsorium super iugulum meum posui, non magis me occisurus quam Giton, quod minabatur, facturus. Audacius tamen ille tragoediam implebat, quia sciebat se illam habere novaculam, qua iam sibi cervicem praeciderat. Stante ergo utraque acie, cum appareret futurum non tralaticium bellum, aegre expugnavit gubernator ut caduceatoris more Tryphaena indutias faceret. Data ergo acceptaque ex more patrio fide, protendit ramum oleae a Tutela navigii raptum, atque in colloquium venire ausa:

"Quis furor, exclamat, pacem convertit in arma?
Quid nostrae meruere manus? Non Troius heros
hac in classe vehit decepti pignus Atridae,
nec Medea furens fraterno sanguine pugnat,
sed contemptus amor vires habet. Ei mihi, fata
hos inter fluctus quis raptis evocat armis?
Cui non est mors una satis? Ne vincite pontum
gurgitibusque feris alios immittite fluctus."

[CIX] Haec ut turbato clamore mulier effudit, haesit paulisper acies, revocataeque ad pacem manus intermisere bellum. Vtitur paenitentiae occasione dux Eumolpos, et castigato ante vehementissime Licha tabulas foederis signat, queis haec formula erat:

"Ex tui animi sententia, ut tu, Tryphaena, neque iniuriam tibi factam a Gitone quereris, neque si quid ante hunc diem factum est, obicies vindicabisve aut ullo alio genere persequendum curabis; ut tu nihil imperabis puero repugnanti, non amplexum, non osculum, non coitum venere constrictum, nisi pro qua re praesentes numeraveris denarios centum. Item, Licha, ex tui animi sententia, ut tu Encolpion nec verbo contumelioso insequeris nec vultu, neque quaeres ubi nocte dormiat, aut si quaesieris, pro singulis iniuriis numerabis praesentes denarios ducenos."

In haec verba foederibus compositis arma deponimus, et ne residua in animis etiam post iusiurandum ira remaneret, praeterita aboleri osculis placet. Exhortantibus universis odia detumescunt, epulaeque ad certamen prolatae conciliant hilaritate concordiam. Exsonat ergo cantibus totum navigium, et quia repentina tranquillitas intermiserat cursum, alius exultantes quaerebat fuscina pisces, alius hamis blandientibus convellebat praedam repugnantem. Ecce etiam per antemnam pelagiae consederant volucres, quas textis harundinibus peritus artifex tetigit; illae viscatis inligatae viminibus deferebantur ad manus. Tollebat plumas aura volitantes, pinnasque per maria inanis spuma torquebat.

Iam Lichas redire mecum in gratiam coeperat, iam Tryphaena Gitona extrema parte potionis spargebat, cum Eumolpus et ipse vino solutus dicta voluit in calvos stigmososque iaculari, donec consumpta frigidissima urbanitate rediit ad carmina sua coepitque capillorum elegidarion dicere:

Quod solum formae decus est, cecidere capilli,
vernantesque comas tristis abegit hiemps.
Nunc umbra nudata sua iam tempora maerent,
areaque attritis ridet adusta pilis.
O fallax natura deum: quae prima dedisti
aetati nostrae gaudia, prima rapis.
Infelix, modo crinibus nitebas
Phoebo pulchrior et sorore Phoebi.
At nunc levior aere vel rotundo
horti tubere, quod creavit unda,
ridentes fugis et times puellas.
Vt mortem citius venire credas,
scito iam capitis perisse partem.

[CX] Plura volebat proferre, credo, et ineptiora praeteritis, cum ancilla Tryphaenae Gitona in partem navis inferiorem ducit, corymbioque dominae pueri adornat caput. Immo supercilia etiam profert de pyxide, sciteque iacturae liniamenta secuta totam illi formam suam reddidit. Agnovit Tryphaena verum Gitona, lacrimisque turbata tunc primum bona fide puero basium dedit. Ego etiam si repositum in pristinum decorem puerum gaudebam, abscondebam tamen frequentius vultum, intellegebamque me non tralaticia deformitate esse insipitum, quem alloquio dignum ne Lichas quidem crederet. Sed huic tristitiae eadem illa succurrit ancilla, sevocatumque me non minus decoro exornavit capillamento; immo commendatior vultus enituit, quia flavum corymbion erat.

Ceterum Eumolpos, et periclitantium advocatus et praesentis concordiae auctor, ne sileret sine fabulis hilaritas, multa in muliebrem levitatem coepit iactare: quam facile adamarent, quam cito etiam filiorum obliviscerentur, nullamque esse feminam tam pudicam, quae non peregrina libidine usque ad furorem averteretur. Nec se tragoedias veteres curare aut nomina saeculis nota, sed rem sua memoria factam, quam eiturum se esse, si vellemus audire. Conversis igitur omnium in se vultibus auribusque sic orsus est:

[CXI] "Matrona quaedam Ephesi tam notae erat pudicitiae, ut vicinarum quoque gentium feminas ad spectaculum sui evocaret. Haec ergo cum virum extulisset, non contenta vulgari more funus passis prosequi crinibus aut nudatum pectus in conspectu frequentiae plangere, in conditorium etiam prosecuta est defunctum, positumque in hypogaeo Graeco more corpus custodire ac flere totis noctibus diebusque coepit. Sic adflictantem se ac mortem inedia persequentem non parentes potuerunt abducere, non propinqui; magistratus ultimo repulsi abierunt, complorataque singularis exempli femina ab omnibus quintum iam diem sine alimento trahebat. Adsidebat aegrae fidissima ancilla, simulque et lacrimas commodabat lugenti, et quotienscumque defecerat positum in monumento lumen renovabat. "Una igitur in tota civitate fabula erat: solum illud adfulsisse verum pudicitiae amorisque exemplum omnis ordinis homines confitebantur, cum interim imperator provinciae latrones iussit crucibus affigi secundum illam casulam, in qua recens cadaver matrona deflebat.

"Proxima ergo nocte, cum miles, qui cruces asservabat, ne quis ad sepulturam corpus detraheret, notasset sibi lumen inter monumenta clarius fulgens et gemitum lugentis audisset, vitio gentis humanae concupiit scire quis aut quid faceret. Descendit igitur in conditorium, visaque pulcherrima muliere, primo quasi quodam monstro infernisque imaginibus turbatus substitit; deinde ut et corpus iacentis conspexit et lacrimas consideravit faciemque unguibus sectam, ratus (scilicet id quod erat) desiderium extincti non posse feminam pati, attulit in monumentum cenulam suam, coepitque hortari lugentem ne perseveraret in dolore supervacuo, ac nihil profuturo gemitu pectus diduceret: 'omnium eumdem esse exitum et idem domicilium' et cetera quibus exulceratae mentes ad sanitatem revocantur.

"At illa ignota consolatione percussa laceravit vehementius pectus, ruptosque crines super corpus iacentis imposuit. Non recessit tamen miles, sed eadem exhortatione temptavit dare mulierculae cibum, donec ancilla, vini odore corrupta, primum ipsa porrexit ad humanitatem invitantis victam manum, deinde retecta potione et cibo expugnare dominae pertinaciam coepit et: 'Quid proderit, inquit, hoc tibi, si soluta inedia fueris, si te vivam sepelieris, si antequam fata poscant indemnatum spiritum effuderis? Id cinerem aut manes credis sentire sepultos? Vis tu reviviscere! Vis discusso muliebri errore! Quam diu licuerit, lucis commodis frui! Ipsum te iacentis corpus admonere debet ut vivas.' "Nemo invitus audit, cum cogitur aut cibum sumere aut vivere. Itaque mulier aliquot dierum abstinentia sicca passa est frangi pertinaciam suam, nec minus avide replevit se cibo quam ancilla, quae prior victa est.

[CXII] "Ceterum, scitis quid plerumque soleat temptare humanam satietatem. Quibus blanditiis impetraverat miles ut matrona vellet vivere, iisdem etiam pudicitiam eius aggressus est. Nec deformis aut infacundus iuvenis castae videbatur, conciliante gratiam ancilla ac subinde dicente:

'Placitone etiam pugnabis amori? Nec venit in mentem, quorum consederis arvis?'
"Quid diutius moror? Jacuerunt ergo una non tantum illa nocte, qua nuptias fecerunt, sed postero etiam ac tertio die, praeclusis videlicet conditorii foribus, ut quisquis ex notis

ignotisque ad monumentum venisset, putasset expirasse super corpus viri pudicissimam uxorem.

"Ceterum, delectatus miles et forma mulieris et secreto, quicquid boni per facultates poterat coemebat et, prima statim nocte, in monumentum ferebat. Itaque unius cruciarii parentes ut viderunt laxatam custodiam, detraxere nocte pendentem supremoque mandaverunt officio. At miles circumscriptus dum desidet, ut postero die vidit unam sine cadavere crucem, veritus supplicium, mulieri quid accidisset exponit: 'nec se expectaturum iudicis sententiam, sed gladio ius dicturum ignaviae suae. Commodaret ergo illa perituro locum, et fatale conditorium familiari ac viro faceret.' Mulier non minus misericors quam pudica: 'Ne istud, inquit, dii sinant, ut eodem tempore duorum mihi carissimorum hominum duo funera spectem. Malo mortuum impendere quam vivum occidere.' Secundum hanc orationem iubet ex arca corpus mariti sui tolli atque illi, quae vacabat, cruci affigi.

"Usus est miles ingenio prudentissimae feminae, posteroque die populus miratus est qua ratione mortuus isset in crucem."

[CXIII] Risu excepere fabulam nautae, erubescente non mediocriter Tryphaena vultumque suum super cervicem Gitonis amabiliter ponente. At non Lichas risit, sed iratum commovens caput: "Si iustus, inquit, imperator fuisset, debuit patris familiae corpus in monumentum referre, mulierem affigere cruci". Non dubie redierat in animum Hedyle expilatumque libidinosa migratione navigium. Sed nec foederis verba permittebant meminisse, nec hilaritas, quae occupaverat mentes, dabat iracundiae locum. Ceterum Tryphaena in gremio Gitonis posita modo implebat osculi pectus, interdum concinnabat spoliatum crinibus vultum. Ego maestus et impatiens foederis novi non cibum, non potionem capiebam, sed obliquis trucibusque oculis utrumque spectabam. Omnia me oscula vulnerabant, omnes blanditiae, quascunque mulier libidinosa fingebat. Nec tamen adhuc sciebam, utrum magis puero irascerer, quod amicam mihi auferret, an amicae, quod puerum corrumperet: utraque inimicissima oculis meis et captivitate praeterita tristiora. Accedebat huc, quod neque Tryphaena me alloquebatur tanquam familiarem et aliquando gratum sibi amatorem, nec Giton me aut tralaticia propinatione dignum iudicabat, aut, quod minimum est, sermone communi vocabat, credo, veritus ne inter initia coeuntis gratiae recentem cicatricem rescinderet. Inundavere pectus lacrimae dolore paratae, gemitusque suspirio tectus animam paene submovit. <...>

In partem voluptatis <Lychas> temptabat admitti, nec domini supercilium induebat, sed amici quaerebat obsequium. ANCILLA TRYPHAENAE AD ENCOLPIUM: "Si quid ingenui sanguinis habes, non pluris illam facies, quam scortum. Si vir fueris, non ibis ad spintriam". <...>

Me nihil magis pudebat, quam ne Eumolpus sensisset quidquid illud fuerat, et homo dicacissimus carminibus vindicaret. <...>

Iurat verbis Eumolpus conceptissimis. <...>

[CXIV] Dum haec taliaque iactamus, inhorruit mare, nubesque undique adductae obruere tenebris diem. Discurrunt nautae ad officia trepidantes, velaque tempestati subducunt. Sed nec certos fluctus ventus impulerat, nec quo destinaret cursum gubernator sciebat. Siciliam modo ventus dabat, saepissime Italici litoris aquilo possessor convertebat huc illuc obnoxiam ratem, et quod omnibus procellis periculosius erat, tam spissae repente tenebrae lucem suppresserant, ut ne proram quidem totam gubernator videret. Itaque pernicies postquam manifesta convaluit, Lichas trepidans ad me supinas porrigit manus et: "Tu, inquit, Encolpi, succurre periclitantibus, et vestem illam divinam sistrumque redde navigio. Per fidem, miserere, quemadmodum quidem soles".

Et illum quidem vociferantem in mare ventus excussit, repetitumque infesto gurgite procella circumegit atque hausit. Tryphaenam autem prope iam <immersam> fidelissimi rapuerunt servi, scaphaeque impositam cum maxima sarcinarum parte abduxere certissimae morti.

Applicitus cum clamore flevi et: "Hoc, inquam, a diis meruimus, ut nos sola morte coniungerent? Sed non crudelis fortuna concedit. Ecce iam ratem fluctus evertet, ecce iam amplexus amantium iratum dividet mare. Igitur, si vere Encolpion dilexisti, da oscula, dum licet, <et> ultimum hoc gaudium fatis properantibus rape". Haec ut ego dixi, Giton vestem deposuit, meaque tunica contectus exeruit ad osculum caput. Et ne sic cohaerentes malignior fluctus distraheret, utrumque zona circumvenienti praecinxit et: "Si nihil aliud, certe diutius, inquit, iunctos nos mare feret, vel si voluerit misericors ad idem litus expellere, aut praeteriens aliquis tralaticia humanitate lapidabit, aut quod ultimum est iratis tiam fluctibus, imprudens harena componet". Patior ego vinculum extremum, et veluti lecto funebri aptatus expecto mortem iam non molestam. Peragit interim tempestas mandata fatorum, omnesque reliquias navis expugnat. Non arbor erat relicta, non gubernacula, non funis aut remus, sed quasi rudis atque infecta materies ibat cum fluctibus. <...>

Procurrere piscatores parvulis expediti navigiis ad praedam rapiendam. Deinde ut aliquos viderunt, qui suas opes defenderent, mutaverunt crudelitatem in auxilium. <...>

[CXV] Audimus murmur insolitum et sub diaeta magistri quasi cupientis exire beluae gemitum. Persecuti igitur sonum invenimus Eumolpum sedentem membranaeque ingenti versus ingerentem. Mirati ergo quod illi vacaret in vicinia mortis poema facere, extrahimus clamantem, iubemusque bonam habere mentem. At ille interpellatus excanduit et: "Sinite me, inquit, sententiam explere; laborat carmen in fine". Inicio ego phrenetico manum, iubeoque Gitona accedere et in terram trahere poetam mugientem.

Hoc opere tandem elaborato casam piscatoriam subimus maerentes, cibisque naufragio corruptis utcumque curati tristissimam exegimus noctem. Postero die, cum poneremus consilium, cui nos regioni crederemus, repente video corpus humanum circum actum levi vortice ad litus deferri. Substiti ergo tristis coepique umentibus oculis maris fidem inspicere et: "Hunc forsitan, proclamo, in aliqua parte terrarum secura expectat uxor, forsitan ignarus tempestatis filius, aut patrem utique reliquit aliquem, cui proficiscens osculum dedit. Haec sunt consilia mortalium, haec vota magnarum cogitationum. En homo quemadmodum natat!" Adhuc tanquam ignotum deflebam, cum inviolatum os; fluctus convertit in terram, agnovique terribilem paulo ante et implacabilem Licham pedibus meis paene subiectum. Non tenui igitur diutius lacrimas, immo percussi semel iterumque manibus pectus et: "Vbi nunc est, inquam, iracundia tua, ubi impotentia tua? Nempe piscibus beluisque eitus es, et qui paulo ante iactabas vires imperii tui, de tam magna nave ne tabulam quidem naufragus habes. Ite nunc mortales, et magnis cogitationibus pectora implete. Ite cauti, et opes fraudibus captas per mille annos disponite. Nempe hic proxima luce patrimonii sui rationes inspexit, nempe diem etiam, quo venturus esset in patriam, animo suo fixit. Dii deaeque quam longe a destinatione sua iacet! Sed non sola mortalibus maria hanc fidem praestant. Illum bellantem arma decipiunt, illum diis vota reddentem penatium suorum ruina sepelit. Ille vehiculo lapsus properantem spiritum excussit, cibus avidum strangulavit, abstinentem frugalitas. Si bene calculum ponas, ubique naufragium est. At enim fluctibus obruto non contingit sepultura: tanquam intersit, periturum corpus quae ratio consumat, ignis an fluctus an mora! Quicquid feceris, omnia haec eodem ventura sunt. Ferae tamen corpus lacerabunt: tanquam melius ignis accipiat! Immo hanc poenam gravissimam credimus, ubi servis irascimur. Quae ergo dementia est, omnia facere, ne quid de nobis relinquat sepultura?" <...>

Et Licham quidem rogus inimicis collatus manibus adolebat. Eumolpus autem dum epigramma mortuo facit, oculos ad arcessendos sensus longius mittit.

[CXVI] Hoc peracto libenter officio destinatum carpimus iter, ac momento temporis in montem sudantes conscendimus, ex quo haud procul impositum arce sublimi oppidum cernimus. Nec quid esset sciebamus errantes, donec a vilico quodam Crotona esse cognovimus, urbem antiquissimam et aliquando Italiae primam. Cum deinde diligentius exploraremus qui homines inhabitarent nobile solum, quodve genus negotiationis praecipue probarent post attritas bellis frequentibus opes: "O mi, inquit, hospites, si negotiatores estis, mutate propositum aliudque vitae praesidium quaerite. Sin autem urbanioris notae homines sustinetis semper mentiri, recta ad lucrum curritis. In hac enim urbe non litterarum studia celebrantur, non eloquentia locum habet, non frugalitas sanctique mores laudibus ad fructum perveniunt, sed quoscunque homines in hac urbe videritis, scitote in duas partes esse divisos. Nam aut captantur aut captant. In hac urbe nemo liberos tollit, quia quisquis suos heredes habet, non ad cenas, non ad spectacula admittitur, sed omnibus prohibetur commodis, inter ignominiosos latitat. Qui vero nec uxores unquam duxerunt nec proximas necessitudines habent, ad summos honores perveniunt, id est soli militares, soli fortissimi atque etiam innocentes habentur. Adibitis, inquit, oppidum tanquam in pestilentia campos, in quibus nihil aliud est nisi cadavera quae lacerantur, aut corvi qui lacerant." <...>

[CXVII] Prudentior Eumolpus convertit ad novitatem rei mentem genusque divitationis sibi non displicere confessus est. Iocari ego senem poetica levitate credebam, cum ille: "Vtinam quidem, <inquit>, sufficeret largior scena, id est vestis humanior, instrumentum lautius, quod praeberet mendacio fidem: non mehercules operam istam differrem, sed continuo vos ad magnas opes ducerem". Atquin promitto, quicquid exigeret, dummodo placeret vestis, rapinae comes, et quicquid Lycurgi villa grassantibus praebuisset: "nam nummos in praesentem usum deum matrem pro fide sua redditturam. — Quid ergo, inquit Eumolpus, cessamus mimum componere? Facite ergo me dominum, si negotatio placet." Nemo ausus est artem damnare nihil auferentem. Itaque ut duraret inter omnes tutum mendacium, in verba Eumolpi sacramentum iuravimus: uri, vinciri, verberari ferroque necari, et quicquid aliud Eumolpus iussisset. Tanquam legitimi gladiatores domino corpora animasque religiosissime addicimus. Post peractum sacramentum serviliter ficti dominum consalutamus, elatumque ab Eumolpo filium pariter condiscimus, iuvenem ingentis eloquentiae et spei, ideoque de civitate sua miserrimum senem exisse, ne aut clientes sodalesque filii sui aut sepulcrum quotidie causam lacrimarum cerneret. Accessisse huic tristitiae proximum naufragium, quo amplius vicies sestertium amiserit; nec illum iactura moveri, sed destitutum ministerio non agnoscere dignitatem suam. Praeterea habere in Africa trecenties sestertium fundis nominibusque depositum; nam familiam quidem tam magnam per agros Numidiae esse sparsam, ut possit vel Carthaginem capere. Secundum hanc formulam imperamus Eumolpo, ut plurimum tussiat, ut sit modo solutioris stomachi cibosque omnes palam damnet; loquatur aurum et argentum fundosque mendaces et perpetuam terrarum sterilitatem; sedeat praeterea quotidie ad rationes tabulasque testamenti omnibus <idibus> renovet. Et ne quid scaenae deesset, quotiescunque aliquem nostrum vocare temptasset, alium pro alio vocaret, ut facile appareret dominum etiam eorum meminisse, qui praesentes non essent.

His ita ordinatis, "quod bene feliciterque eveniret " precati deos viam ingredimur. Sed neque Giton sub insolito fasce durabat, et mercennarius Corax, detractator ministerii, posita frequentius sarcina male dicebat properantibus, affirmabatque se aut proiecturum sarcinas aut cum onere fugiturum. "Quid vos, inquit? iumentum me putatis esse aut lapidariam navem? Hominis operas locavi, non caballi. Nec minus liber sum quam vos, etiam si pauperem pater me reliquit." Nec contentus maledictis tollebat subinde altius pedem, et strepitu obsceno simul atque odore viam implebat. Ridebat contumaciam Giton et singulos crepitus eius pari clamore prosequebatur. <...>

[CXVIII] EVMOLPVS. "Multos, inquit Eumolpus, o iuvenes, carmen decepit. Nam ut quisque versum pedibus instruxit sensumque teneriorem verborum ambitu intexuit, putavit se continuo in Heliconem venisse. Sic forensibus ministeriis exercitati frequenter ad carminis tranquillitatem tanquam ad portum feliciorem refugerunt, credentes facilius poema extrui posse, quam controversiam sententiolis vibrantibus pictam. Ceterum neque generosior spiritus vanitatem amat, neque concipere aut edere partum mens potest nisi intrenti flumine litterarum inundata. Refugiendum est ab omni verborum, ut ita dicam, vilitate et sumendae voces a plebe summotae, ut fiat odi profanum vulgus et arceo.

Praeterea curandum est, ne sententiae emineant extra corpus orationis expressae, sed intexto vestibus colore niteant. Homerus testis et lyrici, Romanusque Vergilius et Horatii curiosa felicitas. Ceteri enim aut non viderunt viam qua iretur ad carmen, aut visam timuerunt calcare. Ecce belli civilis ingens opus quisquis attigerit nisi plenus litteris, sub onere labetur. Non enim res gestae versibus comprehendendae sunt, quod longe melius historici faciunt, sed per ambages deorumque ministeria et fabulosum sententiarum tormentum praecipitandus est liber spiritus, ut potius furentis animi vaticinatio appareat quam religiosae orationis sub testibus fides. Tanquam si placet hic impetus, etiam si nondum recepit ultimam manum:

[CXIX] "Orbem iam totum victor Romanus habebat,
qua mare, qua terrae, qua sidus currit utrumque;
nec satiatus erat. Gravidis freta pulsa carinis

iam peragebantur; si quis sinus abditus ultra,
si qua foret tellus, quae fuluum mitteret aurum,
hostis erat, fatisque in tristia bella paratis
quaerebantur opes. Non vulgo nota placebant
gaudia, non usu plebeio trita voluptas.
Aes Ephyreiacum laudabat miles in unda;
quaesitus tellure nitor certaverat ostro;
Hinc Numidae accusant, illinc nova vellera Seres
atque Arabum populus sua despoliaverat arva.
Ecce aliae clades et laesae vulnera pacis.
Quaeritur in silvis auro fera, et ultimus Hammon
Afrorum excutitur, ne desit belua dente
ad mortes pretiosa; fame premit advena classes,
tigris et aurata gradiens vectatur in aula,
ut bibat humanum populo plaudente cruorem.
Heu, pudet effari perituraque prodere fata,
Persarum ritu male pubescentibus annis
surripuere viros, exsectaque viscera ferro
in venerem fregere, atque ut fuga mobilis aevi
circumscripta mora properantes differat annos,
quaerit se natura nec invenit. Omnibus ergo
scorta placent fractique enerui corpore gressus
et laxi crines et tot nova nomina vestis,
quaeque virum quaerunt. Ecce Afris eruta terris
citrea mensa greges servorum ostrumque renidens,
ponitur ac maculis imitatur vilius aurum
quae sensum trahat. Hoc sterile ac male nobile lignum
turba sepulta mero circum venit, omniaque orbis
praemia correptis miles vagus esurit armis.
Ingeniosa gula est. Siculo scarus aequore mersus
ad mensam vivus perducitur, atque Lucrinis
eruta litoribus vendunt conchylia cenas,
ut renovent per damna famem. Iam Phasidos unda
orbata est avibus, mutoque in litore tantum
solae desertis adspirant frondibus aurae.
Nec minor in Campo furor est, emptique Quirites
ad praedam strepitumque lucri suffragia vertunt.

Venalis populus, venalis curia patrum:
est favor in pretio. Senibus quoque libera virtus
exciderat, sparsisque opibus conversa potestas
ipsaque maiestas auro corrupta iacebat.
Pellitur a populo victus Cato; tristior ille est,
qui vicit, fascesque pudet rapuisse Catoni.
Namque — hoc dedecoris populo morumque ruina —
non homo pulsus erat, sed in uno victa potestas
Romanumque decus. Quare tam perdita Roma
ipsa sui merces erat et sine vindice praeda.
Praeterea gemino deprensam gurgite plebem
faenoris inluvies ususque exederat aeris.
Nulla est certa domus, nullum sine pignore corpus,
sed veluti tabes tacitis concepta medullis
intra membra furens curis latrantibus errat.
Arma placent miseris, detritaque commoda luxu
vulneribus reparantur. Inops audacia tuta est.
Hoc mersam caeno Romam somnoque iacentem
quae poterant artes sana ratione movere,
ni furor et bellum ferroque excita libido?

[CXX] "Tres tulerat Fortuna duces, quos obruit omnes
armorum strue diversa feralis Enyo.
Crassum Parthus habet, Libyco iacet aequore Magnus,
Iulius ingratam perfudit sanguine Romam,
et quasi non posset tot tellus ferre sepulcra,
divisit cineres. Hos gloria reddit honores.
Est locus exciso penitus demersus hiatu
Parthenopen inter magnaeque Dicarchidos arva,
Cocyti perfusus aqua; nam spiritus, extra
qui furit effusus, funesto spargitur aestu.
Non haec autumno tellus viret aut alit herbas
caespite laetus ager, non verno persona cantu
mollia discordi strepitu virgulta locuntur,
sed chaos et nigro squalentia pumice saxa
gaudent ferali circum tumulata cupressu.
Has inter sedes Ditis pater extulit ora

bustorum flammis et cana sparsa favilla,
ac tali volucrem Fortunam voce lacessit:
'Rerum humanarum divinarumque potestas,
Fors, cui nulla placet nimium secura potestas,
quae nova semper amas et mox possessa relinquis,
ecquid Romano sentis te pondere victam,
nec posse ulterius perituram extollere molem?
Ipsa suas vires odit Romana iuventus
et quas struxit opes, male sustinet. Aspice late
luxuriam spoliorum et censum in damna furentem.
Aedificant auro sedesque ad sidera mittunt,
expelluntur aquae saxis, mare nascitur arvis,
et permutata rerum statione rebellant.
En etiam mea regna petunt. Perfossa dehiscit
molibus insanis tellus, iam montibus haustis
antra gemunt, et dum vanos lapis invenit usus,
inferni manes caelum sperare fatentur.
Quare age, Fors, muta pacatum in proelia vultum,
Romanosque cie, ac nostris da funera regnis.
Iam pridem nullo perfundimus ora cruore,
nec mea Tisiphone sitientis perluit artus,
ex quo Sullanus bibit ensis et horrida tellus
extulit in lucem nutritas sanguine fruges.'

[CXXI] "Haec ubi dicta dedit, dextrae coniungere dextram
conatus, rupto tellurem soluit hiatu.
Tunc Fortuna levi defudit pectore voces:
'O genitor, cui Cocyti penetralia parent,
si modo vera mihi fas est impune profari,
vota tibi cedent; nec enim minor ira rebellat
pectore in hoc leviorque exurit flamma medullas.
Omnia, quae tribui Romanis arcibus, odi
muneribusque meis irascor. Destruet istas
idem, qui posuit, moles deus. Et mihi cordi
quippe cremare viros et sanguine pascere luxum.
Cerno equidem gemina iam stratos morte Philippos
Thessaliaeque rogos et funera gentis Hiberae.

Iam fragor armorum trepidantes personat aures,
Et Libyae cerno tua, Nile, gementia claustra,
Actiacosque sinus et Apollinis arma timentes.
Pande, age, terrarum sitientia regna tuarum
atque animas accerse novas. Vix navita Porthmeus
sufficiet simulacra virum traducere cumba;
classe opus est. Tuque ingenti satiare ruina,
pallida Tisiphone, concisaque vulnera mande:
ad Stygios manes laceratus ducitur orbis.'

[CXXII] "Vixdum finierat, cum fulgure rupta corusco
intremuit nubes elisosque abscidit ignes.
Subsedit pater umbrarum, gremioque reducto,
telluris pavitans fraternos palluit ictus.
Continuo clades hominum venturaque damna
auspiciis patuere deum. Namque ore cruento
deformis Titan vultum caligine texit:
civiles acies iam tum spirare putares.
Parte alia plenos extinxit Cynthia vultus
et lucem sceleri subduxit. Rupta tonabant
verticibus lapsis montis iuga, nec vaga passim
flumina per notas ibant morientia ripas.
Armorum strepitu caelum furit et tuba Martem
sideribus tremefacta ciet, iamque Aetna voratur
ignibus insolitis, et in aethera fulmina mittit.
Ecce inter tumulos atque ossa carentia bustis
umbrarum facies diro stridore minantur.
Fax stellis comitata novis incendia ducit,
sanguineoque recens descendit Iuppiter imbre.
Haec ostenta brevi soluit deus. Exuit omnes
quippe moras Caesar, vindictaeque actus amore
Gallica proiecit, civilia sustulit arma.
"Alpibus aeriis, ubi Graio numine pulsae
descendunt rupes et se patiuntur adiri,
est locus Herculeis aris sacer: hunc nive dura
claudit hiemps canoque ad sidera vertice tollit.
Caelum illinc cecidisse putes: non solis adulti

mansuescit radiis, non verni temporis aura,
sed glacie concreta rigent hiemisque pruinis:
totum ferre potest umeris minitantibus orbem.
Haec ubi calcavit Caesar iuga milite laeto
optavitque locum, summo de vertice montis
Hesperiae campos late prospexit, et ambas
intentans cum voce manus ad sidera dixit:
'Iuppiter omnipotens, et tu, Saturnia tellus,
armis laeta meis olimque onerata triumphis,
testor ad has acies invitum arcessere Martem,
invitas me ferre manus. Sed vulnere cogor,
pulsus ab urbe mea, dum Rhenum sanguine tingo,
dnm Gallos iterum Capitolia nostra petentes
Alpibus excludo, vincendo certior exul.
Sanguine Germano sexagintaque triumphis
esse nocens coepi. Quamquam quos gloria terret,
aut qui sunt qui bella vident? Mercedibus emptae
ac viles operae, quorum est mea Roma noverca.
At reor, haud impune, nec hanc sine vindice dextram
vinciet ignavus. Victores ite furentes,
ite mei comites, et causam dicite ferro.
Iamque omnes unum crimen vocat, omnibus una
impendet clades. Reddenda est gratia vobis,
non solus vici. Quare, quia poena tropaeis
imminet, et sordes meruit victoria nostra,
iudice Fortuna cadat alea. Sumite bellum
et temptate manus. Certe mea causa peracta est:
inter tot fortes armatus nescio vinci.'
Haec ubi personuit, de caelo Delphicus ales
omina laeta dedit pepulitque meatibus auras.
Nec non horrendi nemoris de parte sinistra
insolitae voces flamma sonuere sequenti.
Ipse nitor Phoebi vulgato laetior orbe
crevit, et aurato praecinxit fulgure vultus.

[CXXIII] "Fortior ominibus movit Mavortia signa
Caesar, et insolitos gressu prior occupat ausus.

Prima quidem glacies et cana vincta pruina
non pugnavit humus mitique horrore quievit.
Sed postquam turmae nimbos fregere ligatos
et pavidus quadrupes undarum vincula rupit,
incalvere nives. Mox flumina montibus altis
undabant modo nata, sed haec quoque — iussa putares —
stabant, et vincta fluctus stupuere ruina,
et paulo ante lues iam concidenda iacebat.
Tum vero male fida prius vestigia lusit
decepitque pedes; pariter turmaeque virique
armaque congesta strue deplorata iacebant.
Ecce etiam rigido concussae flamine nubes
exonerabantur, nec rupti turbine venti
derant, aut tumida confractum grandine caelum.
Ipsae iam nubes ruptae super arma cadebant,
et concreta gelu ponti velut unda ruebat.
Victa erat ingenti tellus nive victaque caeli
sidera, victa suis haerentia flumina ripis:
nondum Caesar erat; sed magnam nixus in hastam
horrida securis frangebat gressibus arva,
qualis Caucasea decurrens arduus arce
Amphitryoniades, aut torvo Iuppiter ore,
cum se verticibus magni demisit Olympi
et periturorum deiecit tela Gigantum.
"Dum Caesar tumidas iratus deprimit arces,
interea volucer molis conterrita pinnis
Fama volat summique petit iuga celsa Palati,
atque hoc Romano tonitru ferit omnia signa:
iam classes fluitare mari totasque per Alpes
fervere Germano perfusas sanguine turmas.
Arma, cruor, caedes, incendia totaque bella
ante oculos volitant. Ergo pulsata tumultu
pectora perque duas scinduntur territa causas.
Huic fuga per terras, illi magis unda probatur,
et patria pontus iam tutior. Est magis arma
qui temptare velit fatisque iubentibus uti.
Quantum quisque timet, tantum fugit. Ocior ipse

hos inter motus populus, miserable visu,
quo mens icta iubet, deserta ducitur urbe.
Gaudet Roma fuga, debellatique Quirites
rumoris sonitu maerentia tecta relinquunt.
Ille manu pavida natos tenet, ille penates
occultat gremio deploratumque relinquit
limen, et absentem votis interficit hostem.
Sunt qui coniugibus maerentia pectora iungant,
grandaevosque patres onerisque ignara iuventus.
Id pro quo metuit, tantum trahit. Omnia secum
hic vehit imprudens praedamque in proelia ducit:
ac velut ex alto cum magnus inhorruit auster
et pulsas evertit aquas, non arma ministris,
non regumen prodest, ligat alter pondera pinus,
alter tuta sinus tranquillaque litora quaerit:
hic dat vela fugae Fortunaeque omnia credit.
Quid tam parva queror? Gemino cum consule Magnus
ille tremor Ponti saevique repertor Hydaspis
et piratarum scopulus, modo quem ter ovantem
Iuppiter horruerat, quem tracto gurgite Pontus
et veneratus erat submissa Bosporos unda,
pro pudor! imperii deserto nomine fugit,
ut Fortuna levis Magni quoque terga videret.

[CXXIV] "Ergo tanta lues divum quoque numina vidit
consensitque fugae caeli timor. Ecce per orbem
mitis turba deum terras exosa furentes
deserit, atque hominum damnatum avertitur agmen.
Pax prima ante alias niveos pulsata lacertos
abscondit galea victum caput, atque relicto
orbe fugax Ditis petit implacabile regnum.
Huic comes it submissa Fides, et crine soluto
Iustitia, ac maerens lacera Concordia palla.
At contra, sedes Erebi qua rupta dehiscit,
emergit late Ditis chorus, horrida Erinys,
et Bellona minax, facibusque armata Megaera,
Letumque, Insidiaeque, et lurida Mortis imago.

Quas inter Furor, abruptis ceu liber habenis,
sanguineum late tollit caput, oraque mille
vulneribus confossa cruenta casside velat;
haeret detritus laevae Mavortius umbo
innumerabilibus telis gravis, atque flagranti
stipite dextra minax terris incendia portat.
Sentit terra deos, mutataque sidera pondus
quaesivere suum; namque omnis regia caeli
in partes diducta ruit. Primumque Dione
Caesaris acta sui ducit, comes additur illi
Pallas, et ingentem quatiens Mavortius hastam.
Magnum cum Phoebo soror et Cyllenia proles
excipit, ac totis similis Tirynthius actis.
Intremuere tubae, ac scisso Discordia crine
extulit ad superos Stygium caput. Huius in ore
concretus sanguis, contusaque lumina flebant,
stabant aerati scabra rubigine dentes,
tabo lingua fluens, obsessa draconibus ora,
atque inter torto laceratam pectore vestem
sanguineam tremula quatiebat lampada dextra.
Haec ut Cocyti tenebras et Tartara liquit,
alta petit gradiens iuga nobilis Appennini,
unde omnes terras atque omnia litora posset
aspicere ac toto fluitantes orbe catervas,
atque has erumpit furibundo pectore voces:
'Sumite nunc gentes accensis mentibus arma,
sumite et in medias immittite lampadas urbes.
Vincetur, quicumque latet; non femina cesset,
non puer aut aevo iam desolata senectus;
ipsa tremat tellus lacerataque tecta rebellent.
Tu legem, Marcelle, tene. Tu concute plebem,
Curio. Tu fortem ne supprime, Lentule, Martem.
Quid porro tu, dive, tuis cunctaris in armis,
non frangis portas, non muris oppida solvis
thesaurosque rapis? Nescis tu, Magne, tueri
Romanas arces? Epidamni moenia quaere,
Thessalicosque sinus humano sanguine tingue.'

"Factum est in terris quicquid Discordia iussit."
Cum haec Eumolpos ingenti volubilitate verborum effudisset, tandem Crotona intravimus. Vbi quidem parvo deversorio refecti, postero die amplioris fortunae domum quaerentes incidimus in turbam heredipetarum sciscitantium quod genus hominum. aut unde veniremus. Ex praescripto ergo consilii communis exaggerata verborum volubilitate, unde aut qui essemus haud dubie credentibus indicavimus. Qui statim opes suas summo cum certamine in Eumolpium congesserunt. <...>

[CXXV] Dum haec magno tempore Crotone aguntur <...> et Eumolpus felicitate plenus prioris fortunae esset oblitus statum, adeo ut suis iactaret neminem gratiae suae ibi posse resistere impuneque suos, si quid deliquissent in ea urbe, beneficio amicorum laturos. Ceterum ego, etsi quotidie magis magisque superfluentibus bonis saginatum corpus impleveram, putabamque a custodia mei removisse vultum Fortunam, tamen saepius tam consuetudinem meam cogitabam quam causam, et: "Quid, aiebam, si callidus captator exploratorem in Africam miserit mendaciumque deprehenderit nostrum? Quid, si etiam mercennarius praesenti felicitate lassus indicium ad amicos detulerit, totamque fallaciam invidiosa proditione detexerit? Nempe rursus fugiendum erit, et tandem expugnata paupertas nova mendicitate revocanda. Dii deaeque, quam male est extra legem viventibus! quicquid meruerunt, semper expectant". <...>

[CXXVI] CHRYSIS ANCILLA CIRCES AD POLYAENVM: "Quia nosti venerem tuam, superbiam captas vendisque amplexus, non commodas. Quo enim spectant flexae pectine comae, quo facies medicamine attrita et oculorum quoque mollis petulantia; quo incessus arte compositus et ne vestigia quidem pedum extra mensuram aberrantia, nisi quod formam prostituis ut vendas? Vides me: nec auguria novi nec mathematicorum caelum curare soleo; ex vultibus tamen hominum mores colligo, et cum spatiantem vidi, quid cogites scio. Sive ergo nobis vendis quod peto, mercator paratus est, sive, quod humanius est, commodas, effice ut beneficium debeam. Nam quod servum te et humilem fateris, accendis desiderium aestuantis. Quaedam enim feminae sordibus calent, nec libidinem concitant, nisi aut servos viderint aut statores altius cinctos. Arena aliquas accendit, aut perfusus pulvere mulio, aut histrio scaenae ostentatione traductus. Ex hac nota domina est mea; usque ab orchestra quattuordecim transilit, et in extrema plebe quaerit quod diligat."

Itaque oratione blandissima plenus: "Rogo, inquam, numquid illa, quae me amat, tu es?" Multum risit ancilla post tam frigidum schema et: "Nolo, inquit, tibi tam valde placeas. Ego adhuc servo nunquam succubui, nec hoc dii sinant ut amplexus meos in crucem mittam. Viderint matronae, quae flagellorum vestigia osculantur; ego etiam si ancilla sum, nunquam tamen nisi in equestribus sedeo." Mirari equidem tam discordem libidinem coepi atque inter monstra numerare, quod ancilla haberet matronae superbiam et matrona ancillae humilitatem.

Procedentibus deinde longius iocis rogavi ut in platanona produceret dominam. Placuit puellae consilium. Itaque collegit altius tunicam flexitque se in eum daphnona, qui ambulationi haerebat. Nec diu morata dominam producit e latebris, laterique meo applicat mulierem omnibus simulacris emendatiorem. Nulla vox est quae formam eius possit comprehendere, nam quicquid dixero minus erit. Crines ingenio suo flexi per totos se umeros effuderant, frons minima et quae radices capillorum retro flexerat, supercilia usque ad malarum scripturam currentia et rursus confinio luminum paene permixta, oculi clariores stellis extra lunam fulgentibus, nares paululum inflexae et osculum quale Praxiteles habere Dianam credidit. Iam mentum, iam cervix, iam manus, iam pedum candor intra auri gracile vinculum positus: Parium marmor extinxerat. Itaque tunc primum Dorida vetus amator contempsi. <...>

Quid factum est, quod tu proiectis, Iuppiter,armis
inter caelicolas fabula muta taces?
Nunc erat a torva submittere cornua fronte,
nunc pluma canos dissimulare tuos.
Haec vera est Danae. Tempta modo tangere corpus,
iam tua flammifero membra calore fluent.

[CXXVII] Delectata illa risit tam blandum, ut videretur mihi plenum os extra nubem luna proferre. Mox digitis gubernantibus vocem: "Si non fastidis, inquit, feminam ornatam et hoc primum anno virum expertam, concilio tibi, o iuvenis, sororem. Habes tu quidem et fratrem — neque enim me piguit inquirere — sed quid prohibet et sororem adoptare? Eoden gradu venio. Tu tantum dignare et meum osculum, cum libuerit, agnoscere. — Immo, inquam, ego per formam tuam te rogo, ne fastidias hominem peregrinum inter cultores admittere. Invenies religiosum, si te adorari permiseris. Ac ne me iudices ad hoc templum Amoris gratis accedere, dono tibi fratrem meum. — Quid? tu, inquit illa, donas mihi eum, sine quo non potes vivere, ex cuius osculo pendes, quem sic tu amas, quemadmodum ego te volo?" Haec ipsa cum diceret, tanta gratia conciliabat vocem loquentis, tam dulcis sonus pertemptatum mulcebat aera, ut putares inter auras canere Sirenum concordiam. Itaque miranti, et toto mihi caelo clarius nescio quid relucente, libuit deae nomen quaerere. "Ita, inquit, non dixit tibi ancilla mea Circen me vocari? Non sum quidem Solis progenies, nec mea mater, dum placet, labentis mundi cursum detinuit. Habebo tamen quod caelo imputem, si nos fata coniunxerint. Immo iam nescio quid tacitis cogitationibus deus agit. Nec sine causa Polyaenon Circe amat: semper inter haec nomina magna fax surgit. Sume ergo amplexum, si placet. Neque est quod curiosum aliquem extimescas: longe ab hoc loco frater est." Dixit haec Circe, implicitumque me brachiis mollioribus pluma deduxit in terram vario gramine indutam.

Idaeo quales fudit de vertice flores
Terra parens, cum se concesso iunxit amori
Iuppiter et toto concepit pectore flammas:
emicuere rosae violaeque et molle cyperon,
albaque de viridi riserunt lilia prato:
talis humus Venerem molles clamavit in herbas
candidiorque dies secreto favit amori.
In hoc gramine pariter compositi mille osculis lusimus
quaerentes voluptatem robustam. <...>

[CXXVIIII] CIRCE AD POLYAENVM: "Quid est? inquit; numquid te osculum meum offendit? Numquid spiritus ieiunio marcet? Numquid alarum negligens sudor? Puto, si haec non sunt, numquid Gitona times?" Perfusus ego rubore manifesto etiam si quid habueram virium, perdidi, totoque corpore velut laxato:

"Quaeso, inquam, regina, noli suggillare miserias. Veneficio contactus sum". <...>

CIRCE: "Dic, Chrysis, sed verum: numquid indecens sum? Numquid incompta? numquid ab aliquo naturali vitio formam meam excaeco? Noli decipere dominam tuam. Nescio quid peccavimus." Rapuit deinde tacenti speculum, et postquam omnes vultus temptavit, quos solet inter amantes risus fingere, excussit vexatam solo vestem raptimque aedem Veneris intravit. Ego contra damnatus et quasi quodam visu in horrorem perductus interrogare animum meum coepi, an vera voluptate fraudatus essem.

Nocte soporifera veluti cum somnia ludunt
errantes oculos effossaque protulit aurum
in lucem tellus: versat manus improba furtum
thesaurosque rapit, sudor quoque perluit ora
et mentem timor altus habet, ne forte gravatum
excutiat gremium secreti conscius auri:
mox ubi fugerunt elusam gaudia mentem
veraque forma redit, animus, quod perdidit, optat
atque in praeterita se totus imagine versat. <...>

GITON AD ENCOLPION: "Itaque hoc nomine tibi gratias ago, quod me Socratica fide diligis. Non tam intactus Alcibiades in praeceptoris sui lecto iacuit".

[CXXIX] ENCOLPIVS AD GITONEM: "Crede mihi, frater, non intellego me virum esse, non sentio. Funerata est illa pars corporis, qua quondam Achilles eram". <...>

Veritus puer ne in secreto deprehensus daret sermonibus locum, proripuit se et in partem aedium interiorem fugit. <...>

Cubiculum autem meum Chrysis intravit, codicillosque mihi dominae suae reddidit, in quibus haec erant scripta: "CIRCE POLYAENO SALVTEM. Si libidinosa essem, quererer decepta; nunc etiam languori tuo gratias ago. In umbra voluptatis diutius lusi. Quid tamen agas quaero, et an tuis pedibus perveneris domum; negant enim medici sine nervis homines ambulare posse. Narrabo tibi, adulescens, paralysin cave. Nunquam ego aegrum tam magno periculo vidi; medius iam peristi. Quod si idem frigus genua manusque temptaverit tuas, licet ad tubicines mittas. Quid ergo est? Etiam si gravem iniuriam accepi, homini tamen misero non invideo medicinam. Si vis sanus esse, Gitonem roga. Recipies, inquam, nervos tuos, si triduo sine fratre dormieris. Nam quod ad me attinet, non timeo ne quis inveniatur cui minus placeam. Nec speculum mihi nec fama mentitur. Vale, si potes." Vt intellexit Chrysis perlegisse me totum convicium: "Solent, inquit, haec fieri, et praecipue in hac civitate, in qua mulieres etiam lunam deducunt. <...> Itaque huius quoque rei cura agetur. Rescribe modo blandius dominae, animumque eius candida humanitate restitue. Verum enim fatendum: ex qua hora iniuriam accepit, apud se non est". Libenter quidem parui ancillae, verbaque codicillis talia imposui:

[CXXX] "POLYAENOS CIRCAE SALVTEM. Fateor me, domina, saepe peccasse; nam et homo sum et adhuc iuvenis. Numquam tamen ante hunc diem usque ad mortem deliqui.

Habes confitentem reum: quicquid iusseris, merui. Proditionem feci, hominem occidi, templum violavi: in haec facinora quaere supplicium. Sive occidere placet, ferro meo venio; sive verberibus contenta es, curro nudus ad dominam. Illud unum memento, non me sed instrumenta peccasse. Paratus miles arma non habui. Quis hoc turbaverit nescio. Forsitan animus antecessit corporis moram, forsitan dum omnia concupisco, voluptatem tempore consumpsi. Non invenio quod feci. Paralysin tamen cavere iubes: tanquam iam maior fieri possit, quae abstulit mihi per quod etiam te habere potui. Summa tamen excusationis meae haec est: placebo tibi, si me culpam emendare permiseris." Dimissa cum eiusmodi pollicitatione Chryside curavi diligentius noxiosissimum corpus, balneoque praeterito modica unctione usus, mox cibis validioribus pastus, id est bulbis cochlearumque sine iure cervicibus, hausi parcius merum. Hinc ante somnum levissima ambulatione compositus sine Gitone cubiculum intravi. Tanta erat placandi cura, ut timerem ne latus meum frater convelleret.

[CXXXI] Postero die, cum sine offensa corporis animique consurrexissem, in eundem platanona descendi, etiam si locum inauspicatum timebam, coepique inter arbores ducem itineris expectare Chrysidem. Nec diu spatiatus consederam, ubi hesterno die fueram, cum illa intervenit comitem aniculam trahens. Atque ut me consalutavit: "Quid est, inquit, fastose, ecquid bonam mentem habere coepisti?" Illa de sinu licium prolulit varii coloris filis intortum, cervicemque vinxit meam. Mox turbatum sputo pulverem medio sustulit digito, frontemque repugnantis signavit. <...>

Hoc peracto carmine ter me iussit expuere terque lapillos conicere in sinum, quos ipsa praecantatos purpura involuerat, admotisque manibus temptare coepit inguinum vires. Dicto citius nervi paruerunt imperio, manusque aniculae ingenti motu repleverunt. At illa gaudio exultans:

"Vides, inquit, Chrysis mea, vides, quod aliis leporem excitavi?"

Mobilis aestivas platanus diffuderat umbras
et bacis redimita Daphne tremulaeque cupressus
et circum tonsae trepidanti vertice pinus.
Has inter ludebat aquis errantibus amnis
spumeus, et querulo vexabat rore lapillos.
Dignus amore locus: testis silvestris aedon
atque urbana Procne, quae circum gramina fusae
et molles violas cantu sua rura colebant.

<. . .> Premebat illa resoluta marmoreis cervicibus aureum torum myrtoque florenti quietum <aera> verberabat. Itaque ut me vidit, paululum erubuit, hesternae scilicet iniuriae memor; deinde ut remotis omnibus secundum invitantem consedi, ramum super oculos meos posuit et quasi pariete interiecto audacior facta: "Quid est, inquit, paralytice? Ecquid hodie totus venisti? — Rogas, inquam ego, potius quam temptas?" Totoque corpore in amplexum eius immissus non praecantatis usque ad satietatem osculis fruor. <. . .>

[CXXXII] [ENCOLPIVS DE ENDYMIONE PVERO: Ipsa corporis pulchritudine me ad se vocante trahebat ad venerem. Iam pluribus osculis labra crepitabant, iam implicitae manus omne genus amoris invenerant, iam alligata mutuo ambitu corpora animarum quoque mixturam fecerant.]

Manifestis matrona contumeliis verberata tandem ad ultionem decurrit, vocatque cubicularios et me iubet cato rigari. Nec contenta mulier tam gravi iniuria mea, convocat omnes quasillarias familiaeque sordidissimam partem, ac me conspui iubet. Oppono ego manus oculis meis, nullisque effusis precibus, quia sciebam quid meruissem, verberibus sputisque extra ianuam eiectus sum. Eicitur et Proselenos, Chrysis vapulat, totaque familia tristis inter se mussat, quaeritque quis dominae hilaritatem confuderit. <. . .>

Itaque pensatis vicibus animosior, verberum notas arte contexi, ne aut Eumolpus contumelia mea hilarior fieret aut tristior Giton. Quod solum igitur salvo pudore poterat contingere, languorem simulavi, conditusque lectulo totum ignem furoris in eam converti, quae mihi omnium malorum causa fuerat:

Ter corripui terribilem manu bipennem,
ter languidior coliculi repente thyrso
ferrum timui, quod trepido male dabat usum.
Nec iam poteram, quod modo conficere libebat;
namque illa metu frigidior rigente bruma
confugerat in viscera mille operta rugis.
Ita non potui supplicio caput aperire,
sed furciferae mortifero timore lusus
ad verba, magis quae poterant nocere, fugi.

Erectus igitur in cubitum hac fere oratione contumacem vexavi: "Quid dicis, inquam, omnium hominum deorumque pudor? Nam ne nominare quidem te inter res serias fas est. Hoc de te merui, ut me in caelo positum ad inferos traheres? ut traduceres annos primo florentes vigore, senectaeque ultimae mihi lassitudinem imponere? Rogo te, mihi apodixin defunctoriam redde." Haec ut iratus effudi, Illa solo fixos oculos aversa tenebat, nec magis incepto vultum sermone movetur quam lentae salices lassove papavera collo. Nec minus ego tam foeda obiurgatione finita paenitentiam agere sermonis mei coepi secretoque rubore perfundi, quod oblitus verecundiae meae cum ea parte corporis verba contulerim, quam ne ad cognitionem quidem admittere severioris notae homines solerent. Mox perfricata diutius fronte: "Quid autem ego, inquam, mali feci, si dolorem meum naturali convicio exoneravi? Aut quid est quod in corpore humano ventri male dicere solemus aut gulae capitique etiam, cum saepius dolet? Quid? Non et Vlixes cum corde litigat suo, et quidam tragici oculos suos tanquam audientes castigant? Podagrici pedibus suis male dicunt, chiragrici manibus, lippi oculis, et qui offenderunt saepe digitos, quicquid doloris habent, in pedes deferunt:

Quid me constricta spectatis fronte Catone,
damnatisque novae simplicitatis opus?
Sermonis puri non tristis gratia ridet,
quodque facit populus, candida lingua refert.
Nam quis concubitus, Veneris quis gaudia nescit?
Quia vetat in tepido membra calere toro?
Ipse pater veri doctus Epicurus in arte
iussit, et hoc vitam dixit habere *telos*.

Nihil est hominum inepta persuasione falsius nec ficta severitate ineptius".

[CXXXIII] Hac declamatione finita Gitona voco et: "Narra mihi, inquam, frater, sed tua fide: ea nocte, qua te mihi Ascyltos subduxit, usque in iniuriam vigilavit, an contentus fuit vidua pudicaque nocte?" Tetigit puer oculos suos, conceptissimisque iuravit verbis sibi ab Ascylto nullam vim factam.

<. . .> positoque in limine genu sic deprecatus sum numen aversum:

Nympharum Bacchique comes, quem pulcra Dione
divitibus silvis numen dedit, inclita paret
cui Lesbos viridisque Thasos, quem Lydus adorat
septifluus, templumque tuis imponit Hypaepis:
huc aedes et Bacchi tutor Dryadumque voluptas,
et timidas admitte preces. Non sanguine tristi
perfusus venio, non templis impius hostis
admovi dextram, sed inops et rebus egenis
attritus facinus non toto corpore feci.
Quisquis peccat inops, minor est reus. Hac prece, quaeso,
exonera mentem culpaeque ignosce minori,
et quandoque mihi fortunae arriserit hora,
non sine honore tuum patiar decus. Ibit ad aras,
Sancte, tuas hircus, pecoris pater; ibit ad aras
corniger et querulae fetus suis, hostia lactens.

Spumabit pateris hornus liquor, et ter ovantem
circa delubrum gressum feret ebria pubes."
Dum haec ago curaque sollerti deposito meo caveo, intravit delubrum anus laceratis crinibus nigraque veste deformis, extraque vestibulum me iniecta manu duxit. <...>
[CXXXIV] PROSELENOS ANVS AD ENCOLPIVM: "Quae striges comederunt nervos tuos, aut quod purgamentum nocte calcasti trivio aut cadaver? Nec a puero quidem te vindicasti, sed mollis, debilis, lassus, tanquam caballus in clivo et operam et sudorem perdidisti. Nec contentus ipse peccare, mihi deos iratos excitasti".

Ac me iterum in cellam sacerdotis nihil recusantem perduxit impulitque super lectum, et harundinem ab ostio rapuit iterumque nihil respondentem mulcavit. Ac nisi primo ictu harundo quassata impetum verberantis minuisset, forsitan etiam brachia mea caputque fregisset. Ingemui ego utique propter mascarpionem, lacrimisque ubertim manantibus obscuratum dextra caput super pulvinum inclinavi. Nec minus illa fletu confusa altera parte lectuli sedit aetatisque longae moram tremulis vocibus coepit accusare, donec intervenit sacerdos: "Quid vos, inquit, in cellam meam tanquam ante recens bustum venistis? Vtique die feriarum, quo etiam lugentes rident." PROSELENOS AD OENOTHEAN SACERDOTEM PRIAPI: "O, inquit, Oenothea, hunc adulescentem quem vides, malo astro natus est; nam neque puero neque puellae bona sua vendere potest. Nunquam tu hominem tam infelicem vidisti: lorum in aqua, non inguina habet. Ad summam, qualem putas esse, qui de Circes toro sine voluptate surrexit?" His auditis Oenothea inter utrumque consedit, motoque diutius capite: "Istum, inquit, morbum sola sum quae emendare scio. Et ne putetis perplexe agere, rogo ut adulescentulus tuus mecum nocte dormiat, nisi illud tam rigidum reddidero quam cornu:

Quicquid in orbe vides, paret mihi. Florida tellus,
cum volo, spissatis arescit languida sucis,
cum volo, fundit opes, scopulique atque horrida saxa
Niliacas iaculantur aquas. Mihi pontus inertes
submittit fluctus, zephyrique tacentia ponunt
ante meos sua flabra pedes. Mihi flumina parent
Hyrcanaeque tigres et iussi stare dracones.
Quid leviora loquor? Lunae descendit imago
carminibus deducta meis, trepidusque furentes
flectere Phoebus equos revoluto cogitur orbe.
Tantum dicta valent. Taurorum flamma quiescit
virgineis extincta sacris, Phoebeia Circe
carminibus magicis socios mutavit Vlixis,
Proteus esse solet quicquid libet. Hic ego callens
artibus Idaeos frutices in gurgite sistam,
et rursus fluvios in summo vertice ponam."

[CXXXV] Inhorrui ego tam fabulosa pollicitatione conterritus, anumque inspicere diligentius coepi.

"Ergo, exclamat Oenothea, imperio parete!" detersisque curiose manibus inclinavit se in lectulum ac me semel iterumque basiavit. <...>

Oenothea mensam veterem posuit in medio altari, quam vivis implevit carbonibus, et camellam etiam vetustate ruptam pice temperata refecit. Tum clavum, qui detrahentem secutus cum camella lignea fuerat, fumoso parieti reddidit. Mox incincta quadrato pallio cucumam ingentem foco apposuit, simulque pannum de carnario detulit furca, in quo faba erat ad usum reposita et sincipitis vetustissima particula mille plagis dolata. Vt soluit ergo licio pannum, partem leguminis super mensam effudit iussitque me diligenter purgare. Servio ego imperio, granaque sordidissimis putaminibus vestita curiosa manu segrego. At illa inertiam meam accusans improba tollit, dentibusque folliculos pariter spoliat, atque in terram veluti muscarum imagines despuit.

Mirabar equidem paupertatis ingenium singularumque
rerum quasdam artes:
Non Indum fulgebat ebur, quod inhaeserat auro,
nec iam calcato radiabat marmore terra
muneribus delusa suis, sed crate saligna
impositum Cereris vacuae nemus et nova terrae
pocula, quae facili vilis rota finxerat actu.
Hinc molli stillae lacus et de caudice lento
vimineae lances maculataque testa Lyaeo.
At paries circa palea satiatus inani
fortuitoque luto clavos numerabat agrestis,
et viridi iunco gracilis pendebat harundo.
Praeterea quae fumoso suspensa tigillo
conservabat opes humilis casa, mitia sorba
inter odoratas pendebat texta coronas
et thymbrae veteres et passis uva racemis:
qualis in Actaea quondam fuit hospita terra,
digna sacris Hecales, quam Musa loquentibus annis
Baccineas veteres mirando tradidit aevo.

[CXXXVI] Dum illa carnis etiam paululum delibat et dum coaequale natalium suorum sinciput in carnarium furca reponit, fracta est putris sella, quae staturae altitudinem adiecerat, anumque pondere suo deiectam super foculum mittit. Frangitur ergo cervix cucumulae ignemque modo convalescentem restinguit. Vexat cubitum ipsa stipite ardenti faciemque totam excitato cinere pertundit. Consurrexi equidem turbatus anumque non sine meo risu erexi; statimque, ne res aliqua sacrificium moraretur, ad reficiendum ignem in viciniam cucurrit. Itaque ad casae ostiolum processi cum ecce tres anseres sacri qui, ut puto, medio die solebant ab anu diaria exigere, impetum in me faciunt foedoque ac veluti rabioso stridore circumsistunt trepidantem. Atque alius tunicam meam lacerat, alius vincula calcumentorum resoluit ac trahit; unus etiam, dux ac magister saevitiae, non dubitavit crus meum serrato vexare morsu. Oblitus itaque nugarum, pedem mensulae extorsi coepique pugnacissimum animal armata elidere manu. Nec satiatus defunctorio ictu, morte me anseris vindicavi:

Tales Herculea Stymphalidas arte coactas
ad coelum fugisse reor, peneque fluentes
Harpyias, cum Phineo maduere veneno
fallaces epulae. Tremuit perterritus aether
planctibus insolitis, confusaque regia coeli <...>

Iam reliqui revolutam passimque per totum effusam pavimentum collegerant fabam, orbatique, ut existimo, duce redierant in templum, cum ego praeda simul atque vindicta gaudens post lectum occisum anserem mitto, vulnusque cruris haud altum aceto diluo. Deinde convicium verens, abeundi formavi consilium, collectoque cultu meo ire extra casam coepi. Necdum liberaveram cellulae limen, cum animadverto Oenotheam cum testo ignis pleno venientem. Reduxi igitur gradum proiectaque veste, tanquam expectarem morantem, in aditu steti. Collocavit illa ignem cassis harundinibus collectum, ingestisque super pluribus lignis excusare coepit moram, quod amica se non dimisisset tribus nisi potionibus e lege siccatis." Quid porro tu, inquit, me absente fecisti, aut ubi est faba?" Ego, qui putaveram me rem laude etiam dignam fecisse, ordine illi totum proelium eui, et ne diutius tristis esset, iacturae pensionem anserem obtuli. Quem anus ut vidit, tam magnum aeque clamorem sustulit, ut putares iterum anseres limen intrasse. Confusus itaque et novitate facinoris attonitus, quaerebam quid excanduisset, aut quare anseris potius quam mei misereretur.

[CXXXVII] At illa complosis manibus: "Scelerate, inquit, etiam loqueris? Nescis quam magnum flagitium admiseris: occidisti Priapi delicias, anserem omnibus matronis acceptissimum. Itaque ne te putes nihil egisse; si magistratus hoc scierint, ibis in crucem. Polluisti sanguine domicilium meum ante hunc diem inviolatum, fecistique ut me, quisquis voluerit inimicus, sacerdotio pellat.

— Rogo, inquam, noli clamare: ego tibi pro ansere struthocamelum reddam." Dum haec me stupente in lectulo sedet anserisque fatum complorat, interim Proselenos cum impensa sacrificii venit, visoque ansere occiso sciscitata causam tristitiae, et ipsa flere vehementius coepit meique misereri, tanquam patrem meum, non publicum anserem, occidissem. Itaque taedio fatigatus: "Rogo, inquam, expiare manus pretio licet? <...>si vos provocassem, etiam si homicidium fecissem. Ecce duos aureos pono, unde possitis et deos et anseres emere.". Quos ut vidit Oenothea: "Ignosce, inquit, adulescens, sollicita sum tua causa. Amoris est hoc argumentum, non malignitatis. Itaque dabimus operam, ne quis sciat. Tu modo deos roga, ut illi facto tuo ignoscant."

Quisquis habet nummos, secura naviget aura
fortunamque suo temperet arbitrio.
Vxorem ducat Danaen ipsumque licebit
Acrisium iubeat credere quod Danaen.
Carmina componat, declamet, concrepet omnes
et peragat causas sitque Catone prior.
Iurisconsultus 'parret, non parret' habeto,
atque esto quicquid Servius et Labeo.
Multa loquor: quod vis, nummis praesentibus opta,
et veniet. Clausum possidet arca Iovem.

<...> Infra manus meas camellam vini posuit et cum digitos pariter extensos porris apioque lustrasset, avellanas nuces cum precatione mersit in vinum. Et sive in summum redierant, sive subsderant, ex hoc coniecturam ducebat. Nec me fallebat inanes scilicet ac sine medulla ventosas nuces in summo umore consistere, graves autem et plenas integro fructu ad ima deferri. Recluso pectore extraxit fortissimum iecur et inde mihi futura praedixit. Immo, ne quod vestigium sceleris superesset, totum anserem laceratum verubus confixit, epulasque etiam lautas paulo ante, ut ipsa dicebat, perituro paravit. Volabant inter haec potiones meracae.

[CXXXVIII] Profert Oenothea scorteum fascinum, quod ut oleo et minuto pipere atque urticae trito circumdedit semine, paulatim coepit inserere ano meo. Hoc crudelissima anus spargit subinde umore femina mea. Nasturcii sucum cum habrotono miscet, perfusisque inguinibus meis, viridis urticae fascem comprehendit, omniaque infra umbilicum coepit lenta manu caedere. <...>

Aniculae quamvis solutae mero ac libidine essent, eandem viam tentant et per aliquot vicos secutae fugientem "Prende furem!" clamant. Evasi tamen omnibus digitis inter praecipitem decursum cruentatis. <...>

"Chrysis, quae priorem fortunam tuam oderat, hanc vel cum periculo capitis persequi destinat". <...>

"Quid huic formae aut Ariadne habuit aut Leda simile? Quid contra hanc Helene, quid Venus posset? Ipse Paris, dearum libidinantium iudex, si hanc in comparatione vidisset tam petulantibus oculis, et Helenen huic donasset et deas. Saltem si permitteretur osculum capere, si illud caeleste ac divinum pectus amplecti, forsitan rediret hoc corpus ad vires et resipiscerent partes veneficio, credo, sopitae. Nec me contumeliae lassant: quod verberatus sum, nescio; quod eiectus sum, lusum puto. Modo redire in gratiam liceat".

[CXXXIX] Torum frequenti tractatione vexavi, amoris mei quasi quandam imaginem <...>

Non solum me numen et implacabile fatum
persequitur. Prius Inachia Tirynthius ira
exagitatus onus caeli tulit, ante profanam
Iunonem Pelias sensit, tulit inscius arma
Laomedon, gemini satiavit numinis iram
Telephus, et regnum Neptuni pavit Vlixes.
Me quoque per terras, per cani Nereos aequor
Hellespontiaci sequitur gravis ira Priapi.

<...> Quaerere a Gitone meo coepi, num aliquis me quaesisset. "Nemo, inquit, hodie. Sed hesterno die mulier quaedam haud inculta ianuam intravit, cumque diu mecum

esset locuta et me accersito sermone lassasset, ultimo coepit dicere, te noxam meruisse daturumque serviles poenas, si laesus in querela perseverasset." <...>
Nondum querelam finieram, cum Chrysis intervenit amplexuque effusissimo me invasit et: "Teneo te, inquit, qualem speraveram: tu desiderium meum, tu voluptas mea, nunquam finies hunc ignem, nisi sanguine extinxeris." <...>
Vnus ex noviciis <Eumolpi> servulis subito accurrit et mihi dominum iratissimum esse affirmavit, quod biduo iam officio defuissem. Recte ergo me facturum, si excusationem aliquam idoneam praeparassem: vix enim posse fieri, ut rabies irascentis sine verbere consideret. <...>

[CXL] Matrona inter primas honesta, Philomela nomine, quae multas saepe hereditates officio aetatis extorserat, tum anus et floris extincti, filium filiamque ingerebat orbis senibus, et, per hanc successionem artem suam perseverabat extendere. Ea ergo ad Eumolpum venit et commendare liberos suos eius prudentiae bonitatique <...>credere se et vota sua. Illum esse solum in toto orbe terrarum, qui praeceptis etiam salubribus instruere iuvenes quotidie posset. Ad summam, relinquere se pueros in domo Eumolpi, ut illum loquentem audirent: quae sola posset hereditas iuvenibus dari. Nec aliter fecit ac dixerat, filiamque speciosissimam cum fratre ephebo in cubiculo reliquit, simulavitque se in templum ire ad vota nuncupanda. Eumolpus, qui tam frugi erat ut illi etiam ego puer viderer, non dislulit puellam invitare ad pygesiaca sacra. Sed et podagricum se esse lumborumque solutorum omnibus dixerat, et si non servasset integram simulationem, periclitabatur totam paene tragoediam evertere. Itaque ut constaret mendacio fides, puellam quidem exoravit ut sederet super commendatam bonitatem, Coraci autem imperavit ut lectum, in quo ipse iacebat, subiret positisque in pavimento manibus dominum lumbis suis commoveret. Ille lente parebat imperio, puellaeque artificium pari motu remunerabat. Cum ergo res ad effectum spectaret, clara Eumolpus voce exhortabatur Coraca, ut spissaret officium. Sic inter mercennarium amicamque positus senex veluti oscillatione ludebat. Hoc semel iterumque ingenti risu, etiam suo, Eumolpus fecerat. Itaque ego quoque, ne desidia consuetudinem perderem, dum frater sororis suae automata per clostellum miratur, accessi temptaturus an pateretur iniuriam. Nec se reiciebat a blanditiis doctissimus puer, sed me numen inimicum ibi quoque invenit. <...>

"Dii maiores sunt, qui me restituerunt in integrum. Mercurius enim, qui animas ducere et reducere solet, suis beneficiis reddidit mihi quod manus irata praeciderat, ut scias me gratiosiorem esse quam Protesilaum aut quemquam alium antiquorum." Haec locutus sustuli tunicam, Eumolpoque me totum approbavi. At ille primo exhorruit, deinde ut plurimum crederet, utraque manu deorum beneficia tractat. <...>

<Eumolpus>: "Socrates, deorum hominumque, gloriari solebat, quod nunquam neque in tabernam conspexerat nec ullius turbae frequentioris concilio oculos crediderat. Adeo nihil est commodius quam semper cum sapientia loqui. — Omnia, inquam, ista vera sunt; nec ulli enim celerius homines incidere debent in malam fortunam, quam qui alienum concupiscunt. Vnde plani autem, unde levatores viverent, nisi aut locellos aut sonantes aere sacellos pro hamis in turbam mitterent? Sicut muta animalia cibo inescantur, sic homines non caperentur nisi spe aliquid morderent." <...>

[CXLI] <Encolpus?>: "Ex Africa navis, ut promiseras, cum pecunia tua et familia non venit. Captatores iam exhausti liberalitatem imminuerunt. Itaque aut fallor, aut fortuna communis coepit redire ad paenitentiam suam." <. . .>
<Eumolpus>: "Omnes, qui in testamento meo legata habent, praeter libertos meos hac condicione percipient quae dedi, si corpus meum in partes conciderint et astante populo comederint. Apud quasdam gentes scimus adhuc legem

servari, ut a propinquis suis consumantur defuncti, adeo quidem ut obiurgentur aegri frequenter, quod carnem suam faciant peiorem. His admoneo amicos meos, ne recusent quae iubeo, sed quibus animis devoverint spiritum meum, eisdem etiam corpus consumant." <...> Excaecabat pecuniae ingens fama oculos animosque miserorum. Gorgias paratus erat exsequi.

"De stomachi tui recusatione non habeo quod timeam. Sequetur imperium, si promiseris illi pro unius horae fastidio multorum bonorum pensationem. Operi modo oculos, et finge te non humana viscera, sed centies sestertium comesse. Accedit huc, quod aliqua inveniemus blandimenta, quibus saporem mutemus. Neque enim ulla caro per se placet, sed arte quadam corrumpitur, et stomacho conciliatur averso. Quod si exemplis vis quoque probari consilium, Saguntini oppressi ab Hannibale humanas edere carnes, nec hereditatem expectabant. Petelini idem fecerunt in ultima fame, nec quicquam aliud in hac epulatione captabant, nisi tantum ne esurirent. Cum esset Numantia a Scipione capta, inventae sunt matres, quae liberorum suorum tenerent semesa in sinu corpora."

CETERA DESVNT.

Also Available from JiaHu Books

The Iliad (Ancient Greek) - 978909669222
The Odyssey (Ancient Greek) - 978909669260
Anabasis (Ancient Greek) 978909669321
Metamorphoses (Latin) 978909669352
Egils Saga (Old Norse) - 978909669093

www.ingramcontent.com/pod-product-compliance
Lightning Source LLC
Chambersburg PA
CBHW031404040426
42444CB00005B/406